MÉLANGES

DE

LITTÉRATURE ET D'HISTOIRE

MÉLANGES

DE

LITTÉRATURE ET D'HISTOIRE

RECUEILLIS ET PUBLIÉS

PAR

LA SOCIÉTÉ DES BIBLIOPHILES FRANÇOIS

PREMIÈRE PARTIE

PARIS

DE L'IMPRIMERIE DE CH. LAHURE

RUE DE VAUGIRARD, 9

M DCCC LVI

LISTE

PAR ORDRE D'ANCIENNETÉ

DES

MEMBRES ACTUELS DE LA SOCIÉTÉ

DES BIBLIOPHILES FRANÇOIS.

I. — 1820. — M. BÉRARD, ancien Receveur général des finances, rond-point de la porte Maillot, n° 12.

II. — 1820. — M. le Comte ÉDOUARD DE CHABROL, ancien Maître des requêtes au Conſeil d'État, au château du Molay, par Littry (Calvados).

III. — 1829, 16 mars. — M. le Comte DE LA BÉDOYÈRE, ancien Colonel de cavalerie, rue Saint-Dominique, n° 51.

IV. — 1843, 5 avril. — M. le Baron JÉRÔME PICHON, *Préſident*, quai d'Anjou, n° 17.

a

V. — 1843, 3 mai. — M. ARMAND CIGONGNE, ancien Agent de change, *Tréforier*, rue de Provence, n° 4.

VI. — 1844, 25 décembre. — M. YÉMENIZ, à Lyon.

VII. — 1845, 26 mars. — M. le Baron DUNOYER DE NOIRMONT, ancien Maître des requêtes au Confeil d'État, rue Royale-Saint-Honoré, n° 5.

VIII. — 1846, 20 mai. — M. le Comte LANJUINAIS, rue Baffe-du-Rempart, n° 30.

IX. — 1846, 20 mai. — M. ERNEST DE SERMIZELLES, à Quincize, par Chaffy en Morvan (Nièvre).

X. — 1846, 3 juin. — M. LEROUX DE LINCY, *Secrétaire*, paffage Sainte-Marie, n° 11 *bis*.

XI. — 1846, 3 juin. — M. BENJAMIN DELESSERT, rue Montmartre, n° 176.

XII. — 1846, 22 juillet. — Madame GABRIEL DELESSERT, rue Baffe, n° 5, à Paffy.

XIII. — 1847, 13 janvier. — M. le Baron

ERNOUF, rue de la Ferme-des-Mathurins, n° 47.

XIV. — 1847, 27 janvier. — M. le Comte DE LABORDE, de l'Académie des Infcriptions, rue Saint-Dominique-Saint-Germain, n° 11.

XV. — 1847, 27 janvier. — M. PROSPER MÉRIMÉE, Membre du Sénat, de l'Académie françoife & de celle des Infcriptions, Infpecteur des Monumens hiftoriques, rue de Lille, n° 52.

XVI. — 1849, 21 février. — M. GRANGIER DE LA MARINIÈRE, rue d'Amfterdam, n° 46.

XVII. — 1849, 21 février. — M. le Comte FOY, rue de l'Univerfité, n° 101.

XVIII. — 1851, 28 mai. — M. RAOUL DE LIGNEROLLES, rue d'Alger, n° 6.

XIX. — 1851, 24 décembre. — M. le Comte HENRY DE CHAPONAY, rue de Bourbon, n° 36, à Lyon.

XX. — 1852, 29 février. — M. DURIEZ DE VERNINAC, Attaché d'ambaffade, rue du Havre, n° 2.

XXI. — 1852, 14 janvier. — M. le Comte GEORGES DE SOULTRAIT, Membre non réfidant du Comité hiftorique des Arts & Monumens, à Mâcon.

XXII.—1852, 26 mai.—Madame STANDISH, née NOAILLES, rue d'Aftorg, n° 6.

XXIII. — 1852, 15 décembre. — Madame la Ducheffe DE MOUCHY, rue d'Aftorg, n° 10.

XXIV. — 1852, 15 décembre. — M. le Baron FRÉD. DE JANZÉ, rue de la Ville-l'Évêque, n° 4.

MEMBRES ADJOINTS ET ASSOCIÉS ÉTRANGERS.

I. — 1854, 11 janvier. — M. le Marquis DE BÉRENGER, place du Palais-Bourbon, n° 4. M. A.

II. — 1856, 29 janvier. — M. PROSPER BLANCHEMAIN, Bibliothécaire adjoint du Miniftère de l'Intérieur, rue de l'Eft, n° 7. M. A.

III. — 1856, 12 mars. — M. PAULIN PARIS, Membre de l'Académie des Infcriptions,

Profeſſeur au Collége de France, &c., rue Neuve-des-Petits-Champs, n° 14. M. A.

IV. — 1821. — M. le Prince ALEXANDRE LABANOFF, à Saint-Pétersbourg. A. E.

V. — 1855, 23 janvier. — M. BERIAH BOTFIELD, de Norton-Hall (Daventry), ancien Membre du Parlement, Membre de la Société Philobiblon de Londres & du Roxburghe-Club, à Decker-Hill (Shiffnal). A. E.

MEMBRES CORRESPONDANS.

La Société des Bibliophiles belges (1).
La Société Philobiblon de Londres.

---

(1) Cette ſociété, fondée en 1835, ſe compoſe de MM. A. Kreglinger, archiviſte à Anvers. — R. Chalon, receveur des contributions à Bruxelles, *Préſident.* — V. Defuiſſeaux, conſeiller provincial à Mons. — A. de Courtray, médecin. — Aug. Baron, profeſſeur à l'Univerſité de Bruxelles. — Le chanoine de Ram. — B. Derive, directeur d'uſine à Haumont. — B. Renard, architecte à Tournay. — A. Dinaux, à Valenciennes. — Victor François, profeſſeur à l'Univerſité catholique de Louvain. — L. Gachard, archiviſte général de Belgique. — H. Rouſſelle, avocat. — André Deſcamps, vicaire général de Tournay. — Ém. Hoyois. — Le marquis de Godefroid, à Lille. — Aug. Lacroix, archiviſte de Hainaut, *Tréſo-*

MEMBRES HONORAIRES.

M. le Marquis DU ROURE.

M. l'Abbé Costanzo GAZZERA, Membre de l'Académie de Turin. A. E.

---

rier, — Th. de Jonghe. — Adrien Letellier, avocat, *Vice-Préſident*. — M. Polain, archiviſte de Liége. — Ad. Mathieu. — L. Vandeweyer, ambaſſadeur à Londres. — Camille Wins, avocat, *Secrétaire*. — C. Serrure, profeſſeur à l'Univerſité de Gand. — Ém. Gachet. — Louis Joly.

LISTE

PAR ORDRE SUCCESSIF

DES

MEMBRES ANCIENS ET ACTUELS

DE LA SOCIÉTÉ DES BIBLIOPHILES FRANÇOIS.

I.

M. le Marquis DE CHATEAUGIRON (1),

> Nommé honoraire le 11 février 1846, remplacé, le
> 27 janvier 1847, par

M. PROSPER MÉRIMÉE.

II.

M. DE PIXÉRÉCOURT,

> Démiffionnaire le 7 mai 1838, remplacé, le 5 fé-
> vrier 1840, par

M. le Duc DE CARAMAN,

> Démiffionnaire le 15 octobre 1843, remplacé, le
> 20 mai 1846, par

M. le Comte LANJUINAIS.

---

(1) Les premiers membres dont le nom n'eft pas précédé d'une
date font les fondateurs de la Société.

III.

M. le Baron Walckenaër,

> Démiffionnaire en 1836, remplacé, le 17 février 1836, par

M. le Baron Creuzé de Lesser,

> Décédé, remplacé, le 5 février 1840, par

M. Jules Janin,

> Démiffionnaire le 5 avril 1843, remplacé, le 25 décembre 1844, par

M. YEMENIZ.

IV.

M. de Malartic,

> Démiffionnaire le 7 avril 1844, remplacé, le 3 juin 1846, par

M. Benjamin DELESSERT.

V.

M. Durand de Lançon,

> Démiffionnaire le 2 août 1844, remplacé, le 17 juin 1846, par

Madame la Vicomteffe de Noailles,

> Décédée le 13 feptembre 1851, remplacée, le 24 décembre, par

M. le Comte Henry de CHAPONAY.

VI.

M. BÉRARD.

VII.

M. le Comte Édouard de CHABROL.

VIII.

M. le Vicomte de Morel-Vindé,

    Mort en 1843, remplacé, le 5 avril, par

M. le Baron Jérôme PICHON.

IX.

1820, 30 janvier. — Madame la Maréchale Duchesse de
Raguse,

    Démissionnaire le 5 avril 1843, remplacée, le 26 mars
      1845, par

M. le Baron DUNOYER DE NOIRMONT.

X.

1820, 30 janvier. — M. Sensier,

    Démissionnaire le 5 avril 1837, remplacé, le 26, par
M. Coste,

    Décédé le 5 mai 1851, remplacé par

M. Raoul de LIGNEROLLES.

XI.

1820, 13 février. — M. le Duc de Poix,

    Décédé le 1er août 1846, remplacé, le 10 mars 1847, par

M. Auguste Le Prevost,

Démissionnaire le 12 décembre 1854, remplacé par

Madame la Duchesse DE MOUCHY (adjointe le 15 décembre 1852).

XII.

1820, 13 février. — M. Hély d'Oissel,

Mort en 1833, remplacé, le 24 février, par

M. Feuillet de Conches,

Démissionnaire le 3 mai 1843, remplacé, le 6 mai 1846, par

M. le Comte de Charpin-Fougerolles,

Démissionnaire le 11 janvier 1854, remplacé par

Madame STANDISH, née NOAILLES (adjointe le 26 mai 1852).

XIII.

1820, 27 février. — M. le Marquis du Roure,

Démissionnaire le 2 mars 1848, remplacé, le 21 février 1849, par

M. GRANGIER de LA MARINIÈRE.

XIV.

1820, 27 février. — M. Hippolyte de La Porte,

Décédé le 29 février 1852, remplacé par

M. DURIEZ de VERNINAC (adjoint le 14 janvier 1852).

XV.

1820, 27 février. — M. DE MONMERQUÉ,

Démiſſionnaire le 15 avril 1843, remplacé, le 11 février 1846, par

M. le Marquis DE COISLIN,

Démiſſionnaire le 14 décembre 1853, remplacé par

M. le Comte GEORGES DE SOULTRAIT (adjoint le 14 janvier 1852).

XVI.

1820, 27 février. — M. COULON,

Mort en 1830, remplacé, à la fin de cette année, par

M. le Comte DE SAINT-MAURIS,

Démiſſionnaire le 26 avril 1848, remplacé, le 21 février 1849, par

M. le Comte FOY.

XVII.

1820, 27 février. — M. le Duc DE CRUSSOL,

Mort en 1837, remplacé, le 26 avril, par

M. le Comte d'HAUTERIVE,

Démiſſionnaire en 1844, remplacé, le 22 juillet 1846, par

Madame GABRIEL DELESSERT.

XVIII.

1820, 3 avril. — M. le Comte LÉON D'OURCHES,

Mort en 1843, déclaré antérieurement démiſſionnaire, remplacé, le 15 mars 1843, par

M. le Comte CHARLES DE L'ESCALOPIER,

> Démiffionnaire le 28 janvier 1846, remplacé, le 27 janvier 1847, par

M. le Comte LÉON DE LABORDE.

XIX.

1820, 3 avril. — M. le Chevalier LANGLÈS,

> Mort en 1824, remplacé, le 9 février, par

M. le Comte DE CORBIÈRE,

> Déclaré démiffionnaire le 5 avril 1843, remplacé, le 17 février 1844, par

M. le Comte D'USSY,

> Décédé le 23 avril 1845, remplacé, le 13 janvier 1847, par

M. le Baron ERNOUF.

XX.

1820, 3 avril. — M. DURIEZ DE LILLE,

> Mort en 1825, remplacé, le 9 janvier 1826, par

M. CHARLES NODIER,

> Démiffionnaire le 5 février 1829, remplacé, le 16 mars, par

M. le Comte DE LA BÉDOYÈRE.

XXI.

1820, 30 avril. — M. le Marquis GARNIER,

> Mort le 8 octobre 1821, remplacé, le 24 décembre, par

M. Guillaume (de Befançon),

> Démiffionnaire le 5 avril 1843, remplacé, le 14 janvier 1846, par

M. Léon Tripier,

> Démiffionnaire le 12 décembre 1854, remplacé par

M. le Baron DE JANZÉ (adjoint le 15 décembre 1852).

XXII.

1821, avant avril. — M. le Chevalier Artaud de Montor,

> Démiffionnaire le 1er mars 1843, remplacé, le 3 mai 1843, par

M. Armand CIGONGNE.

XXIII.

1821, avant avril. — M. l'Abbé de La Bouderie,

> Démiffionnaire, remplacé, le 5 février 1840, par

M. le Marquis de Choiseul d'Aillecourt,

> Démiffionnaire le 7 février 1844, remplacé, le 3 juin 1846, par

M. LE ROUX de LINCY.

XXIV.

1821, avant avril. — M. le Marquis de Fortia d'Urban,

> Mort à la fin de 1843, remplacé, le 20 mai 1846, par

M. Ernest de SERMIZELLES.

MEMBRES ADJOINTS.

I.

1852, 14 janvier. — M. Duriez de Verninac,
   Titulaire le 29 février, remplacé, le 15 décembre 1852,
   par
M. le Baron de JANZÉ (titulaire le 12 décembre 1854).

II.

1852, 14 janvier. — M. le Comte Georges de Soultrait,
   Titulaire le 14 décembre 1853, remplacé, le 11 jan-
   vier 1854, par
M. le Marquis de BÉRENGER.

III.

1852, 26 mai. — Madame Standish, née Noailles,
   Titulaire le 11 janvier 1854, remplacée, le 29 jan-
   vier 1856, par
M. Prosper BLANCHEMAIN.

IV.

1852, 15 décembre — Madame la Duchesse de Mouchy,
   Titulaire le 12 décembre 1854, remplacée, le 12 mars
   1856, par
M. Paulin PARIS.

ASSOCIÉS ÉTRANGERS.

I. — 1821. — Le Prince Alexandre LABANOFF.

II. — 1821, 25 mai. — Lord SPENCER.

III. — 1821, 25 mai. — Le Rév. FROGNALL DIBDIN.

    Ces deux derniers membres ont été rayés de la lifte
      le 1er mars 1843.

IV. — 1824, 9 février. — Le Comte ORLOFF.

V. — 1827, 3 feptembre. — Le Baron de REIFFENBERG.

    Décédé le 18 avril 1850.

VI. — 1827, 3 feptembre. — M. l'Abbé Costanzo
GAZZERA.

    Nommé membre honoraire le 15 décembre 1852.

VII. — 1855, 23 janvier. — M. Beriah BOTFIELD.

MEMBRES CORRESPONDANS.

La Société des Bibliophiles belges.

1854. — La Société Philobiblon de Londres.

MEMBRES HONORAIRES.

1820. — M. le Marquis de CHATEAUGIRON,
    Mort en 1848.

1852. — M. l'Abbé Costanzo GAZZERA.

1855. — M. le Marquis du ROURE.

STATUTS

DE LA SOCIÉTÉ

DES BIBLIOPHILES FRANÇOIS.

ARTICLE PREMIER.

La Société des Bibliophiles françois eſt inſtituée pour entretenir & propager le goût des livres, pour publier ou reproduire des ouvrages inédits ou rares, mais ſurtout pouvant intéreſſer l'hiſtoire, la littérature ou la langue françoiſe, & pour perpétuer dans ſes publications les traditions de l'ancienne imprimerie françoiſe.

ART. 2.

La Société des Bibliophiles françois ſe compoſe de vingt-quatre membres.

Elle pourra s'adjoindre cinq aſſociés étrangers ou membres adjoints.

Ces derniers payeront la cotiſation annuelle, recevront les publications & prendront part aux délibérations de la Société, mais ne pourront concourir à ſes élections. Ils deviendront de droit membres titulaires, à l'ancienneté, par le ſeul fait d'une vacance.

Art. 3.

Pour faire partie de la Société, il faudra en avoir fait la demande dans une lettre adreſſée au Préſident, & être préſenté par deux membres.

L'admiſſion aura lieu au ſcrutin ſecret & ſans ballottage. Le ſcrutin ſera réitéré juſqu'à ce qu'un des candidats ait réuni la majorité abſolue des ſuffrages des membres préſens.

Art. 4.

Aucune perſonne faiſant le commerce de livres ne pourra être admiſe dans la Société.

Art. 5.

La Société ſe réunit deux fois par mois.

Art. 6.

La Société nommera chaque année un Préſident, un Secrétaire & un Tréſorier. Le Préſident pourra faire les fonctions de Secrétaire.

Les membres du Bureau ſont élus pour un an; cependant ils pourront être continués.

Art. 7.

Toute déciſion ſera priſe à la majorité des voix des

membres préfens, & au fcrutin fecret toutes les fois qu'il
fera réclamé par un membre.

Art. 8.

Toute difcuflion politique eft interdite aux fociétaires
affemblés.

Art. 9.

Les procès-verbaux des féances, rédigés par le Secrétaire ou par le Préfident faifant fonctions de Secrétaire,
feront infcrits fur un regiftre tenu à cet effet. Ils feront
fignés par tous les membres préfens à la féance.

Art. 10.

Tous les ans, dans la première féance du mois de janvier, chaque fociétaire verfera entre les mains du Tréforier la fomme de cent francs à titre de foufcription pour
l'année échue.

Les difpofitions du préfent article pourront ne pas être
appliquées aux affociés étrangers.

Art. 11.

Le Tréforier préfentera fes comptes dans la feconde
féance du mois de mai. Ils feront difcutés & approuvés
par la Société.

Art. 12.

Tous les ans, le Préfident, ou, à fon défaut, le Secrétaire, adreffera aux membres de la Société un compte

rendu des principales décifions qui auront été prifes dans les féances de l'année. Le compte du Tréforier y fera annexé au moins en extrait.

Art. 13.

Les noms des membres qui n'auront pas acquitté leur cotifation feront portés fur le compte rendu annuel; fi un membre laiffe écouler deux ans fans payer fa cotifation, il fera confidéré comme démiffionnaire.

L'obligation impofée ci-après par les articles 20 & 21, péfera fur lui à partir de la première année dont il n'aura pas acquitté la cotifation, & dans laquelle il fera cenfé avoir donné fa démiffion.

Si donc la Société avoit entrepris une publication longue & difpendicufe, il pourra être contraint à acquitter les cotifations de quatre années : l'une due en qualité de membre, & les trois autres en vertu des articles 20 & 21.

Art. 14.

Le montant des foufcriptions fera employé :

1° A faire imprimer foit des ouvrages françois inédits ou devenus très-rares, foit des ouvrages en langue étrangère avec la traduction.

2° A acquitter toutes dépenfes régulièrement votées par la Société, telles que rachat d'exemplaires de fes publications, menus frais, &c.

Art. 15.

Dans l'une des féances du mois de mai, la Société choi-

fira, parmi les différens ouvrages dont la publication lui
aura été proposée, celui ou ceux qui devront être publiés.
L'adoption devra avoir lieu à la majorité des deux tiers
des membres préfens.

Art. 16.

La publication fera préparée par un ou plufieurs membres défignés par la Société. Elle pourra néanmoins adopter un travail qui lui feroit préfenté par une perfonne
étrangère.

Art. 17.

La Société fera toujours imprimer fur un papier ou dans
un format particulier, pour chacun de fes membres, un
exemplaire de l'ouvrage dont elle aura arrêté la publication. Ces exemplaires fpéciaux devront fe diftinguer nota-
blement du refte de l'édition deftiné au public.

Dans le cas où l'ouvrage à publier ne préfenteroit qu'un
intérêt de curiofité, la Société pourra le faire tirer feulement à vingt-quatre exemplaires deftinés à fes membres.

Art. 18.

Les ouvrages publiés porteront fur leur titre l'indica-
tion fuivante : *Publié par la Société des Bibliophiles françois;*
le fleuron de la Société & la date de l'année.

La lifte des fociétaires fera imprimée fur le feuillet qui
fuivra le titre. Les préfens ftatuts pourront même être
inférés au commencement ou à la fuite des volumes les
plus importans.

Chacun des exemplaires deftinés aux membres de la

Société portera le nom du membre auquel il doit appartenir.

Art. 19.

L'impreffion fera furveillée par le Préfident, le Secrétaire & le Tréforier. La Société pourra leur adjoindre un ou plufieurs de fes autres membres.

Art. 20.

Les décifions de la majorité obligent tous les membres, préfens ou non à la délibération.

Dès qu'une dépenfe eft régulièrement votée, les engagemens que la Société contracte ou doit contracter envers des tiers (tels qu'imprimeurs, graveurs, &c.), par fuite de ce vote, doivent être confidérés comme fe divifant en autant d'obligations partielles qu'il y a de membres. Tous deviennent, par le feul effet du vote, débiteurs envers la Société de leur quote-part de la dépenfe votée, mais feulement jufqu'à concurrence de leurs cotifations annuelles, au moyen defquelles cette dépenfe doit être acquittée.

Ils ne fauroient donc fe libérer par une démiffion, l'obligation contractée par la décifion de la majorité engageant chaque membre *perfonnellement*.

Art. 21.

Le membre démiffionnaire fera cependant libéré par le fait de fa démiffion, fi la Société eft au nombre complet de vingt-quatre membres lorfqu'il fe retirera, & s'il eft remplacé par un nouveau fociétaire qui accepte les obligations contractées par lui.

Dans tous les cas, quels que foient le nombre des membres & la dépenfe votée, l'obligation de payer la cotifation après démiffion ne pourra s'étendre au delà de la troifième année qui fuivra celle de la démiffion.

ART. 22.

Lorfque, conformément à l'article 15, la Société fera choix d'un ouvrage à publier, elle fixera, dans les limites du *maximum* impofé par l'article 21, la durée de l'engagement contracté par fes membres en vertu de l'article 20. Elle fera difpenfée de rien ftatuer à cet égard quand les frais de publication ne devront évidemment pas dépaffer fon revenu d'une année.

ART. 23.

Aucun membre ne fera admis qu'après avoir accepté *pour lui & fes ayans caufe* les obligations impofées par les Statuts de la Société, & fpécialement celles qui font définies par les articles 13, 20 & 21.

Il fera confervé dans les Archives de la Société un exemplaire des préfens Statuts, imprimé fur vélin, & revêtu de la fignature de tous les membres, en témoignage de leur adhéfion.

NOTICE

MADAME LA VICOMTESSE

DE NOAILLES.

« Musa......... vetat
« Laudes.......... tuas
« Culpâ deterere ingeni. »
(Horatius.)

Antoinette-Charlotte-Rosalie-Léontine de Noailles naquit à Paris le 22 juillet 1791, de Charles de Noailles, fils aîné du prince de Poix, capitaine des gardes du corps du Roi Louis XVI, & de Nathalie de Laborde, fille du célèbre banquier de ce nom, mariés en 1790. Ce mariage avait eu tous les genres d'éclat. Naissance illustre, fortune immense, beauté idéale, efprit aimable & diftingué, talents enchanteurs, tout ce que l'imagination rêve, & tout ce que la raifon cherche fembla un moment réuni fur les têtes de ces époux de vingt ans. L'amour figna des premiers au contrat, & fa préfence, fi rare en pareille circonftance, n'étonna perfonne; à voir ce couple charmant incliné fous la bénédiction nuptiale, on eût dit le dénoûment folennel d'un beau roman des fiècles paffés.

M. de Laborde, heureux & fier d'une alliance qui fatisfaifait également fon ambition & fa tendreffe paternelle, l'avait célébrée par de grandes réjouiffances. Méréville (1), création charmante, fruit de fes richeffes & du goût le plus délicat & le plus éclairé, devint le théâtre des fêtes nuptiales. Les familles de Noailles & de Beauvau s'y rencontrèrent avec la plus brillante compagnie de Paris, fociété habituelle de M. de Laborde. La joie fut grande, le luxe éblouiffant, les plaifirs variés à l'infini; mais chacun tomba d'accord qu'au milieu de toute cette magnificence véritablement féerique, de toutes ces merveilles de Méréville, rien n'était fi merveilleux que les mariés.

Les illuftres convives de M. de Laborde devaient cependant être en proie à de vives

---

(1) Terre de M. de Laborde.

inquiétudes : la Révolution, commencée depuis une année, marchait à pas de géant, les esprits sages envisageaient de graves complications pour l'avenir ; les plus alarmés ne croyaient encore qu'à de grands dangers, sans prévoir la nature & la portée de ces dangers. La vie continuait comme par le passé, & non-seulement les préoccupations politiques n'empêchaient pas les mariages de se conclure, mais elles n'altéraient même point la gaieté des noces.

Cette sécurité de nos pères nous étonne à bon droit ; placés au fond de l'abîme entr'ouvert alors sous leurs pas, nous les accusons d'imprévoyance, d'aveuglement ; génération éclose dans les ténèbres du scepticisme, nous ne pouvons comprendre la foi robuste que leur inspiraient des institutions dont nous avons remué la poussière, nous oublions que cette foi de nos pères s'appuyait sur quatorze siècles de gloire & de bonheur.

A partir de cette époque les annales particulières de la famille de Noailles feraient presque l'histoire de la Révolution ; la plupart de ses membres jouèrent un rôle important dans les grandes scènes révolutionnaires, tous devinrent, selon leur âge & leur situation, victimes des iniquités légales qui en déshonorant la France ont trahi la plus noble cause des temps modernes. L'enfant au berceau dont nous allons suivre la destinée, eut

fa part des tribulations de la famille. Ce que
Saint-Simon appelait avec tant de jaloufe
amertume « le groupe des Noailles, » per-
pétué par des rejetons non moins favorifés,
parut être le point de mire de la fureur révolutionnaire ; fes coups atteignirent les plus
nobles comme les plus innocentes têtes ; les
femmes & les vieillards furent traînés de la
prifon à l'échafaud ; la fuite & la profcription
feules prévinrent l'extinction complète de la
race. Privilégiés jufqu'à la dernière heure de
la monarchie, les Noailles mêlèrent leur fang
au fang des fouverains qui les avaient com-
blés de bienfaits ; l'hiftoire qui a retracé leurs
profpérités retracera auffi leurs malheurs &
fignalera leur dévouement au refpect des générations futures.

Entraîné par le funefte exemple de la jeune
nobleffe, Charles de Noailles émigra en Angleterre peu de mois après la naiffance de
Léontine (1791). Plein d'illufions & d'efpérances il comptait fur une courte abfence,
fur un prompt retour, à la fuite des princes
triomphants. Les événements déconcertèrent
tous fes projets, & l'exil volontaire fe changea
en profcription cruelle. Mme Charles de
Noailles refta à Paris dans la maifon de fon
père, auprès de fes deux familles, celle de
fon mari ne songeait point à émigrer. Quant
au prince de Poix & à fon père le vénérable
maréchal duc de Mouchy, attachés à la per-

fonne du Roi, ils comprirent que leur premier devoir était de couvrir & de défendre fa perfonne facrée, fans avoir égard au faux point d'honneur de Coblentz, qui ne pouvait d'ailleurs s'appliquer à la nature de leurs fonctions. Les journées du 20 juin & du 10 août récompenfèrent dignement le dévouement éclairé de ces fidèles ferviteurs. Tous deux eurent l'infigne honneur de tirer l'épée devant l'infortuné monarque pourfuivi jufqu'au fond de fon palais par la meute régicide qu'on a ofé appeler le peuple français.

Au mois de feptembre 1792, Mme Charles de Noailles voulut aller voir fon mari en Angleterre. Les voyages commençaient à devenir difficiles, finon dangereux; il fallait s'entourer de myftère, recourir à des précautions romanefques, qui ne manquaient pas de féduction aux yeux d'une jeune femme attendue par un aimable époux fur une terre étrangère. Les préparatifs fe firent dans le plus grand fecret, Mme de Noailles partit feule avec fon enfant & une femme de fervice qui ignorait jufqu'au nom de fa maîtreffe. Les voyageufes arrivèrent fans encombre à Dieppe, port moins furveillé, choifi à deffein. Là par excès de prudence l'enfant & la bonne furent embarqués quelques heures avant Mme de Noailles afin d'éviter toute apparence de fuite de famille. Au moment où la jeune mère allait les rejoindre, un officier de paix s'op-

pofa à fon départ, fous prétexte de certaines
formalités non accomplies. La plus légère réfiftance eût été périlleufe. Mme de Noailles
n'ofa pas réclamer l'enfant & furtout la bonne
dont l'ignorance même aurait pu la compromettre; elle fe laiffa conduire en filence à la
mairie de Dieppe, tandis que le vaiffeau cin-
glait vers l'Angleterre, emportant dans fes
flancs Léontine endormie, bercée par les
flots de l'Océan.

Quelques heures plus tard le navire tou-
chait terre devant les jolies maifons de Brighton, habitées vers cette époque de l'année par
la fociété élégante de Londres, & la bonne,
confternée de l'abfence de fa maîtreffe, re-
mettait fon précieux dépôt entre les mains
des magiftrats du lieu.

Léontine abordait fur la plage de Brighton
comme Moïfe au berceau fur les rives du Nil.
Ce ne fut point la fille des rois qui recueillit
fes précoces infortunes; mais un célèbre
homme d'État de la Grande-Bretagne, lord
Malmesbury préfent à l'arrivée du navire, &
témoin de l'abandon myftérieux de l'enfant
émigré, prit Léontine fous fa protection, la
porta à fa femme, lady Malmesbury, & tous
deux fe décidèrent à l'adopter.

L'aventure était touchante & fit grand
bruit; la fociété s'émut, Léontine devint
pendant quelques heures « le lion de Brighton; » le foin qu'on avait pris de cacher fon

nom indiquait affez qu'il était illuftre, & l'état de la France donnait carrière aux plus douloureufes fuppofitions. Il y eut preffe pour la voir, rivalité pour l'adopter; plufieurs familles voulaient l'enlever aux Malmesbury, un fecret preffentiment femblait les avertir que cette petite enfant abandonnée pourrait faire un jour leur bonheur & leur gloire.

Lady Malmesbury jouiffait depuis deux jours de fa maternité improvifée, lorsqu'un matelot adolefcent, dont les vêtements groffiers cachaient imparfaitement des attraits tout féminins, vint réclamer l'enfant inconnu. Mme de Noailles, trompant fous ce déguifement audacieux la furveillance des autorités de Dieppe, était parvenue à gagner Brighton fur un bateau pêcheur. L'arrivée de cette jeune époufe, de cette jeune mère, éclatante de beauté, brillante du plus noble courage, terminait admirablement les mille romans ingénieux efquiffés depuis deux jours autour du berceau de Léontine. La toile tombait felon l'ufage fur une fcène d'attendriffement & de joie générale. Lady Malmesbury partageait les émotions maternelles de Mme de Noailles, mais un peu de regret fe mêlait à fes larmes, accoutumée déjà au rôle que la Providence avait femblé lui indiquer, elle croyait à fon tour perdre fa fille (1).

----

(1) Mémoires de lord Malmesbury.

Mme de Noailles refta fort peu de temps
en Angleterre; un plus long féjour auprès de
fon mari eût compromis de graves intérêts
de fortune, auxquels le nivellement focial
donnait chaque jour plus d'importance. Les
femmes d'émigrés en reftant en France, non-
feulement confervaient leurs propres biens,
mais pouvaient encore protéger les biens de
leurs époux abfents, la plupart d'entre elles
fe facrifièrent ainfi à leurs devoirs de mères
de famille & vinrent prefque volontairement fe replonger dans le gouffre révolutionnaire.

M. de Laborde avait quitté Paris dont le
féjour lui paraiffait auffi pénible que dangereux, & s'était retiré à Méréville avec fa
digne compagne, Mme de Lalive, fa belle-
fœur, M. de Fezenfac, & Mme de Fezenfac fa
nièce. Cet homme vertueux, fort de fa confcience, & s'appuyant fur fon irréprochable
paffé, envifageait avec calme les périls de
l'avenir, & croyait encore à la reconnaiffance.
Depuis trente ans les habitants de Méréville
vivaient de fes bienfaits; n'était-ce pas au milieu d'eux qu'il devait chercher l'appui & le
refpect dus à fa charité fans bornes & à fes
rares vertus? Mme de Noailles, dès fon retour
en France (décembre 1792), partagea la retraite de fes parents & ne les quitta plus jufqu'au mois d'octobre de l'année fuivante.

Quel changement s'était opéré dans la vie

de Méréville, quel contrafte entre cette réunion de famille morcelée, pleine de trouble
& de regrets, & ces brillants voyages qui
avaient étonné & charmé & la cour & la
ville! Ce féjour enchanté des joies dome-
ftiques & des nobles plaifirs, ce temple de
l'hofpitalité françaife, allait devenir l'afile in-
certain & précaire de l'honnête homme per-
fécuté. Bientôt les campagnes s'agitèrent aux
récits des tumultes quotidiens de Paris; des
feuilles infâmes circulèrent par milliers dans
les chaumières, & les agents du jacobinisme
vinrent au milieu des villages prêcher ouvertement la révolte & le crime. Les menaces,
les vociférations des payfans, plus égarés que
convaincus, montaient parfois jufqu'au château. M. de Laborde reconnut fon erreur, il
n'y avait plus de place en France pour les
honnêtes gens; on fe décida à fuir, on partit,
on s'achemina vers le Havre; les obftacles
furgiffaient de toutes parts fur le paffage des
fugitifs, il fallut rebrouffer chemin; on revint
à Méréville attendre les événements, comme
des condamnés dont le jour fatal n'eft pas
encore fixé. Alors commencèrent ces heures
d'angoiffes, de tortures fans nom, qu'une
révolution fans exemple dans l'hiftoire devait
ajouter au grand livre des fouffrances humai-
nes. Soixante années à peine nous féparent
des convulfions de 93; nous avons connu des
témoins, des victimes échappées comme par

miracle au fer des aſſaſſins. Les mémoires ont décrit minutieuſement juſqu'aux moindres détails de cette époque monſtrueuſe, & pourtant l'imagination ſe refuſe encore à la comprendre, la penſée recule épouvantée devant ce hideux ſpectacle, mélange de dégoût & d'horreur que la France délirante & avilie offrit pendant deux années aux regards de l'Europe.

Le Roi, la Reine avaient péri ; chaque jour apportait la nouvelle de l'arreſtation d'un ami, d'un parent. Le maréchal de Mouchy & ſa vertueuſe compagne, retirés à Mouchy-le-Châtel depuis le 21 janvier, venaient d'être amenés à la priſon du Luxembourg. Trois générations de femmes de la maiſon de Noailles les y avaient ſuivis : la maréchale ducheſſe de Noailles, la ducheſſe d'Ayen, belle-mère de M. de La Fayette, & la vicomteſſe de Noailles ſa belle-ſœur. La princeſſe de Poix, belle-mère de Mme Charles de Noailles, était gardée à vue dans ſa maiſon de Paris.

Toutes les têtes étaient menacées, ſans diſtinction d'âge, de ſexe ou d'état ; une horrible légèreté, une féroce incurie préſidait au choix des victimes ; on rivait à la même chaîne, pour être conduits au même ſupplice, le miniſtre de Dieu & la fille d'Opéra, le prince du ſang & la ſervante. Dans cet étrange aſſemblage de toutes les conditions de l'humanité il ne manquait que des coupables.

M. de Laborde fe flattait en vain de défarmer fes bourreaux en acceptant avec la plus complète foumiffion les ordres puérils, les décrets honteux que la Convention impofait fans ceffe aux malheureux propriétaires des biens qu'elle convoitait. Son fort était fixé, fon nom infcrit fur la lifte de fang. Mme de Laborde & fa fille cachaient leurs craintes & leur douleur, luttaient courageufement contre la marée montante de la terreur publique. Au milieu de cette famille défolée la préfence de la petite Léontine était une douleur de plus; à peine âgée de trois ans, la vivacité de fon intelligence, la promptitude de fes reparties préfageaient déjà ce que l'avenir lui réfervait de facultés fupérieures. Mais fes grâces enfantines follicitaient vainement les fourires maternels, & fon babil inceffant, les éclats de fa bruyante gaieté retentiffaient fans écho dans les falons déferts de Méréville.

M. de Laborde fut arrêté vers la fin du mois d'octobre 1793 & conduit en prifon à Paris; peu de jours après Mme de Noailles & fa mère fubirent le même fort. Léontine fut recueillie par un frotteur de M. de Laborde qui avait époufé une fervante de la maifon. Elle refta chez eux à Saint-Germain en Laye pendant tout le temps de la Terreur, vivant comme les petites payfannes dont elle portait

le coſtume. M. de Laborde périt ſur l'échafaud après ſix mois de captivité (1); Mme de
Laborde & ſa fille, ſauvées par la mort de
Robeſpierre, ſortirent de priſon dans l'automne de 1794.

La mort de ſon père, celle des parents de
ſon mari, l'attente preſque certaine d'un pareil ſort, avaient ébranlé cruellement l'état
moral & la ſanté de Mme de Noailles; elle
éprouva le beſoin de fuir ces lieux funeſtes
remplis de ſi terribles ſouvenirs, & elle partit
avec ſa mère & Léontine pour la Suiſſe, où
elles paſſèrent pluſieurs mois. L'air pur des
montagnes ravivait ces pauvres infortunées,
l'aſpect de cette belle nature calmait l'agita-
tion de leur âme; là du moins elles pouvaient
pleurer librement les êtres chéris qu'elles
avaient perdus. Raſſurées ſur leur propre
ſort, leur douleur n'était plus comprimée par
l'inſtinct de conſervation perſonnelle que
toute créature apporte en naiſſant. Se livrer
à cette immenſe douleur était un bien, une
conſolation inconnue ſous les verrous de la
priſon. Après avoir ſéjourné ſucceſſivement
dans les principales villes de la Suiſſe,
Mmes de Noailles & de Laborde traverſèrent
l'Allemagne & la Hollande afin de gagner
l'Angleterre. M. de Noailles, ſon père le

____

(1) 29 germinal an II.

prince de Poix, & M. de Méréville, fils aîné de
Mme de Laborde, les attendaient à Londres.
Elles fe trouvèrent en y arrivant au milieu
d'un groupe d'émigrés, tous gens de leur con-
naiffance & même de leur intimité ; on s'em-
braffait, on fe queftionnait, on pleurait de
joie & de douleur. Les compatriotes fur le fol
étranger femblent toujours des parents & des
amis, & dans cette circonftance le malheur
commun ajoutait de nouveaux liens aux liens
déjà fi puiffants de la patrie.

Tandis que Mmes de Noailles & de Laborde
jouiffaient fur le fol britannique des bienfaits
d'une délivrance & d'une réunion inefpérées,
l'état intérieur de la France fubiffait de nouveaux changements. La fièvre révolutionnaire
tombait graduellement, les paffions coupables
s'apaifaient, la honte fuccédait au crime, la
boue du Directoire féchait le fang de la Terreur. Il y avait progrès felon l'inexorable
logique des révolutions, car l'aviliffement
d'un peuple eft le fruit de fes crimes, & de
cet aviliffement naît le defpotifme, qui en eft
alors le jufte châtiment. On revenait au bien
par faibleffe fans flétrir le mal, on laiffait échapper l'innocent enchaîné fans ofer punir l'heureux coupable. Les lois iniques de la Terreur n'étaient point révoquées, mais oubliées
ou exécutées mollement ; quelques audacieux
commençaient à parler de juftice, de paix,
de conciliation, & l'échafaud ne réclamait

point leurs têtes; enfin on voyait poindre à l'horizon cette grande figure de Bonaparte, portant fur fon front rêveur le préfage d'une nouvelle ère de gloire, de profpérité & de malheur. Mme de Laborde fut rappelée à Paris par des embarras d'affaires réfultant de la fucceffion de fon époux, ouverte & non recueillie depuis le jour de fon décès. Sa fille l'y rejoignit plus tard. Léontine refta encore quelque temps auprès de fon père, mais ce dernier voulant entreprendre un voyage en Suède, elle fut ramenée à fa mère par une ancienne amie de la famille.

Mme de Laborde à fon retour fut accablée d'affaires; la fortune de M. de Laborde était dans le plus grand défordre, & les revenus ne répondaient plus aux charges confidérables qu'un poffeffeur généreux & magnifique s'était volontairement impofées; de lourdes dettes contractées avant la Révolution, lorfque M. de Laborde jouiffait d'une fortune immenfe à Saint-Domingue, augmentaient encore les difficultés de la pofition. Mme de Laborde & fa fille fe réfignèrent fans peine au genre de vie modefte que cette pofition exigeait; quand on vient d'échapper à la mort, la vie, quelle qu'elle foit, femble toujours facile; elles habitèrent alternativement Méréville & Paris, vivant avec une ftricte économie; Mmes de Lalive, de Fezenfac, leurs parents & quelques anciens amis vinrent s'affocier à leur modefte

exiftence. On s'entr'aidait pour retrouver &
réunir les reftes du paffé, comme des naufra-
gés cherchent à la marée baffe les débris épars
du naufrage. Le bonheur d'être en France,
l'efpoir chaque jour plus certain d'y pofféder
bientôt tous ceux que la profcription avait
frappés, faifaient fupporter courageufement
les rigueurs préfentes de la deftinée.

Léontine avait alors fix ans; depuis fa naif-
fance elle menait une vie fort agitée; fa fanté
n'en fouffrait point, & fon intelligence, fes
grâces & fa figure fe développaient à l'envi
fous tous les ciels & fous tous les toits. Elle
jafait, danfait, chantait du matin au foir, in-
ventait mille hiftoires plaifantes, jouait des
tours aux graves amis de fa grand'mère, con-
trefaifait les voix & les airs ridicules, écoutait
toutes les converfations, & voulait toujours
s'y mêler. Sa verve, fon entrain étaient iné-
puifables, elle babillait avec une aifance &
une abondance que fes parents parvenaient
à modérer d'autant plus difficilement que
l'originalité de fes idées & la juftefie de fes
expreffions ne pouvaient manquer d'attirer
l'attention des auditeurs. Mme de Laborde,
férieufe de maintien & de caractère, s'épuifait
en vains efforts pour calmer la verve de fa
petite-fille; quoi qu'on fît, aux repas de famille
Léontine prenait la parole, difcourait fur les
nouvelles du jour, plaçait fon mot, qui était
toujours une malice, répondait fans être que-

ſtionnée, trouvait le nom que chacun cherchait, appliquait les vers qu’elle avait appris
le matin. On voulait l’interrompre, elle parlait
plus fort; on changeait de converſation, elle
avait encore quelque choſe à dire. Mme de Laborde lançait des regards ſévères ſans obtenir
de ſilence; enfin, à bout de voie, elle ordon-
nait aux domeſtiques d’emporter ſa petite-fille;
Léontine ſe cramponnait à la table, ne cédait
qu’à la force, & parlait juſqu’au moment où
la porte ſe refermait ſur elle, le tout avec
des airs mutins & des grâces ineffables. Ces
petites ſcènes ſe renouvelaient ſans ceſſe, perſonne ne s’en plaignait hors ſa grand’mère,
& encore....; elle était raviſſante, on la gâ-
tait, qui ne l’eût gâtée? toute autre enfant à
ſa place ſerait devenue inſupportable, mais
Léontine ne pouvait pas être gâtée, la Providence veillant ſur une œuvre favorite en
protégeait le développement & la voulait
achever. Cependant M. Charles de Noailles
revint en France après avoir obtenu ſa ra-
diation de la liſte des émigrés par l’inter-
vention de l’excellente femme du général
Bonaparte. Il fut alors décidé en conſeil de
famille que Léontine ſerait ſoumiſe à l’influence de l’éducation publique, ancien uſage
auquel les perſonnes de ſa claſſe échappaient
rarement, car les enfants les plus aimables &
les mieux aimés ne recevaient jamais alors de
leurs parents ces leçons du premier âge qui

laiſſent de ſi doux ſouvenirs dans le cours de la vie.

M. & Mme de Noailles jetèrent les yeux ſur la maiſon de Mme Campan à Saint-Germain en Laye, établiſſement déjà célèbre & le ſeul qui pût ſuppléer pour l'éducation des jeunes filles nobles aux couvents détruits pendant la Révolution. Des raiſons toutes particulières fixèrent bientôt leur choix. Depuis la chute de Robeſpierre, Mme la princeſſe de Poix s'était établie à Saint-Germain en Laye, auprès de ſa belle-mère, Mme la maréchale princeſſe de Beauvau, que le malheur des temps & une grande douleur perſonnelle condamnaient à la retraite. Mme Campan, ancienne femme de chambre de Marie-Antoinette, & comme telle fort connue de ces deux dames, leur rendait des hommages & des ſoins preſque méritoires à une époque où l'éclat de la naiſſance était encore un motif de réprobation. Quoique ardemment dévouée au pouvoir naiſſant du général Bonaparte, Mme Campan reſtait fidèle aux ſouvenirs de la monarchie écroulée & particulièrement à celui de ſon auguſte maîtreſſe. Admiſe dans l'intérieur de la famille Bonaparte, chargée par le premier conſul de l'éducation de ſes ſœurs, elle initiait ces illuſtres parvenues aux petits ſecrets de la vie des cours & dirigeait le noviciat impérial des futures princeſſes. C'était d'ailleurs une femme d'eſprit & de fens, qu'une vocation fincère appelait à l'enfeignement public. Léontine de Noailles chez Mme Campan devait donc fe trouver fous la furveillance immédiate de fes deux grand'mères. Elle avait alors huit ans. Son entrée dans le penfionnat fit fenfation; plus jeune que toutes fes compagnes, elle en remontra bientôt aux plus habiles, & devint l'âme de tous les jeux, de tous les plaifirs; fa merveilleufe précocité confondait & charmait maîtreffes & élèves. Ce n'était point le développement prématuré & maladif des « petits prodiges, » triftes enfants deftinés à devenir de plus triftes hommes, c'était l'idéal de l'enfance.

Il y a des gens qui n'ont leur âge qu'une fois dans la vie; enfance ou jeuneffe, maturité ou vieilleffe, ils n'atteignent qu'un inftant de paffagère perfection; hélas! d'autres n'ont jamais leur âge. Léontine eut toujours le fien; elle traverfa avec un égal fuccès les époques de la nature humaine, fans devancer, fans retarder d'une feconde l'heure fouvent fatale des tranfitions. L'enfance avait tout promis, la jeuneffe, la maturité tinrent toutes les promeffes de l'enfance. Ce fut furtout une heureufe enfant, elle ne fentit point les épines de l'éducation: la colère, l'humeur même n'altéraient jamais fon jugement; on pouvait quand on avait quelque faute à lui reprocher, raifonner avec elle au lieu de la punir, car les punitions s'adreffent plutôt aux fens qu'à l'intelligence, & l'enfant qui comprend fes torts eft par cela même déjà puni. Les brillantes qualités de fon génie naiffant fe détachaient fur un fond d'extrême douceur, d'inaltérable gaieté. Cependant, avouons-le, Léontine ici, comme aux dîners de fa grand'-mère, était parfois, était fouvent impertinente; les faillies audacieufes, les répliques bouffonnes fe preffaient fur fes lèvres en préfence même de l'impofante inftitutrice. Les enfants fpirituels paraiffent toujours impertinents, ils fe trouvent prefque en naiffant fupérieurs aux trois quarts du genre humain, ils ont habituellement plus d'efprit que le profeffeur qui les inftruit, quoi de plus impertinent, en effet?

Léontine fe rendit coupable d'une pièce de vers pendant qu'on lui enfeignait l'orthographe; ce chef-d'œuvre clandeftin circula quelque temps anonyme dans le penfionnat, les élèves fe le paffaient à la dérobée comme *le furet du bois joli*. Mme Campan faifit un jour le furet au paffage. Grande rumeur parmi les jeunes filles, interrogatoire général, filence généreux & dévouement à l'efprit de corps. Mais l'habile inftitutrice ne pouvait s'y tromper. D'un pareil forfait Léontine feule était capable, elle avoua humblement fon crime; convaincue de poéfie la mufe mutine reçut une févère admonition. Mme Campan voulait donner au monde des impératrices &

des reines, non des poëtes ; peut-être pourrait-on attribuer à cette méfaventure de
penfion l'éloignement que Léontine éprouva
dans la fuite de fa vie pour les vers d'ama-
teurs.

Les talents d'agrément étaient fort foignés
chez Mme Campan ; à fa requête le célèbre
peintre Gérard vint examiner la claffe de def-
fin ; Léontine, trop jeune pour en faire partie,
affiftait comme fimple fpectatrice à cette vifite
folennelle, & tandis que les têtes d'Achille,
de Romulus & de Niobé fe fuccédaient en
foule fous les yeux du maître, elle couvrait
de griffonnages à la plume fes cahiers, fes
livres, & jufqu'au claffique pupitre de bois
blanc : funefte habitude dont aucune péni-
tence n'avait pu triompher. Gérard gardait
le filence & femblait apprécier médiocrement
les talents en herbe des jeunes penfionnaires ;
tout à coup fes regards tombèrent fur le pupitre de Léontine, il s'approcha d'elle, prit
fucceffivement fes livres & fes cahiers, & les
confidéra avec beaucoup d'attention, puis fe
tournant vers Mme Campan : « Il faut, dit-il,
donner des crayons à cette petite fille, c'eft
votre meilleure élève. »

Mme Campan, s'infpirant des fouvenirs
de Saint-Cyr, faifait repréfenter des pièces
morales par fes jeunes élèves fur un théâtre
élevé en la grande falle du penfionnat. L'au-
ditoire fe compofait des perfonnes confidé-

rables de Saint-Germain, des familles des
jeunes actrices, prefque toutes venant de
Paris. Mmes de Beauvau & de Poix hono-
rèrent fouvent de leur préfence ces récréa-
tions juvéniles. Trois belles jeunes filles deftinées à la célébrité préludaient fur ces innocentes planches aux fuccès qui les attendaient
plus tard fur de moins innocents théâtres :
Caroline Bonaparte, depuis reine de Naples,
Hortenfe Beauharnais, l'aimable reine de Hollande, & enfin Zoé Talon, comtefle du Cayla,
la profaïque Égérie d'un Pompilius octogé-
naire. Léontine, leur cadette de fept à huit
années, fut malgré fon âge admife dans la
troupe. On jouait des proverbes de circonftance, des comédies de Mme de Genlis,
quelquefois même *Efther*, *Athalie*, & Mme
Campan écrivait à Hortenfe Beauharnais,
quelques jours avant une des plus brillantes
repréfentations : « Léontine fait fon rôle, &
le dit à mourir de rire (1). »

Ainfi s'écoulait cette aimable enfance, les
jeux, les ris, l'étude, tout était facile &
charmant; Léontine n'apprenait point, elle
devinait; fes maîtrefles ne fongeaient qu'à
modérer le développement extraordinaire de
fon intelligence, comme on préferve du foleil

---

(1) Correfpondance de Mme Campan avec la reine
Hortenfe, t. Ier.

les fruits d'un jeune arbre prématurément
productif.

Mme Charles de Noailles avait voyagé
pendant longtemps en Efpagne avec fon frère
le comte de Laborde; de retour en France
elle voulut entreprendre l'éducation de fa
fille fuffifamment éprouvée par deux années
de penfion, elle obtint à cet effet le confen-
tement de fon mari.

Mme Charles de Noailles joignait aux charmes & aux grâces d'un efprit fupérieur le goût,
le befoin de l'étude avec de fingulières facultés d'application; merveilleufement douée,
peintre & muficienne accomplie, elle partageait fon temps entre les arts & la littérature, fe plaifant fouvent aux études les plus
arides, à de véritables tours de force intel-
lectuels, fans autre but que le développement
de fes facultés morales; l'éducation de Léontine pouvait entrer tout naturellement dans
ce cadre d'occupations variées, mais toujours
utiles, & n'impofait point à Mme de Noailles
une tâche au-deffus de fes forces.

Léontine quitta avec regret la maifon Campan, & conferva toute fa vie un fouvenir
agréable des jours qu'elle y avait paffés. Le
retour des Bourbons lui donna même l'occafion de témoigner hautement fon eftime pour
fon ancienne inftitutrice, souvent en butte
alors aux calomnies de quelques malencon-
treux serviteurs de la monarchie reftaurée.

Comme par le paffé, Mme de Noailles vivait avec fa mère, Mme de Laborde, femme de grande vertu & du plus aimable caractère. Les affaires de la fucceffion de M. de Laborde s'étaient arrangées, l'aifance, l'abondance régnaient de nouveau à Méréville & à Paris. Mme de Laborde avait confervé au milieu de la fociété élégante de fon époux quelque chofe de la gravité méthodique de l'ancienne bourgeoifie; elle aimait la vie de campagne, & la prolongeait fouvent au delà de la belle faifon. Sa difpofition naturelle & les malheurs qu'elle avait éprouvés l'éloignaient du monde, lui en faifaient redouter les plaifirs & la frivolité. Mère de famille pieufe & tendre, elle confacrait fa vie aux feuls enfants que la Providence lui eût laiffés. Ce n'était plus *l'heureufe mère* que le pinceau de Greuze a immortalifée; car cinq enfants manquaient au tableau. Son dernier fils, le comte A. de Laborde, n'étant point encore marié, Léontine repréfentait feule cette filiation directe que la maternité fe plaît à prolonger indéfiniment dans les lointains de l'avenir.

Léontine, bien qu'établie chez fa grand'mère, communiquait fréquemment avec fa famille paternelle; à Paris elle voyait fon père tous les jours, & pendant la faifon d'été elle faifait des féjours chez le prince de Poix, fon grand-père, réuni à fa femme & à fes enfants après dix années d'émigration.

La tyrannie des événements avait féparé
M. & Mme Charles de Noailles précifément
à l'âge où les habitudes, les goûts & les
befoins réciproques refferrent fortement le
lien conjugal; plus tard libres de fe réunir,
ils crurent, fous l'influence trop puiffante encore des traditions de l'ancien régime, pouvoir
continuer à vivre ifolément fans rupture dé-
finitive. Cette fituation de fes parents, qui
ne changea jamais, compliquait le devoir
filial de Léontine & formait quelques nuages
à l'horizon de fa belle jeuneffe, mais les difficultés, les obftacles de la vie ne fe trouvaient
fur fon paffage que pour lui donner occafion
d'en triompher. Elle fut répartir avec un tact
& une délicateffe admirables fes foins & fa
tendreffe entre fon père & fa mère; allant
fans ceffe de l'un à l'autre, fouvenir vivant
des temps meilleurs, elle rapprochait par fa
feule préfence ces deux cœurs fatalement di-
vifés, elle retenait dans fes jeunes mains les
deux moitiés d'une chaîne plutôt déliée que
rompue. Le ciel eût fans doute couronné les
pieux efforts de Léontine, fi Mme de Noailles
n'avait point été attaquée vers le milieu de
fa carrière par une maladie cruelle, incurable,
que la plus complète folitude pouvait feule
adoucir.

Léontine atteignait aux dernières limites
de l'enfance : les grands changements que la
première jeuneffe apporte dans l'exiftence

fe préparaient pour elle ; les grâces ingénues
de la jeune fille allaient fuccéder aux grâces
mutines de la penfionnaire. Cette époque de
la vie décide de l'avenir. Quelle importance
ont alors les impreffions les plus légères, les
moindres exemples ? Tout ce qui nous entoure
nous inftruit involontairement, chaque parole eft une nouvelle qui nous arrive d'un
pays inconnu, nous marchons de découverte
en découverte vers ce monde que les voya-
geurs du paffé nous ont dépeint fous de plus
ou moins belles couleurs. Léontine trouva
dans fa famille paternelle le complément de
fon éducation ; le temps qu'elle y paffait était
en quelque forte un temps de vacances, c'eft
là que le devoir prenait les formes du plaifir
& que les affections impofées par la nature
avaient tout le charme de l'inclination. Les
mérites extraordinaires de Mme la princeffe
de Poix, l'éclat de fes vertus & le charme
incomparable de fon caractère & de fon
efprit produifirent une profonde impreffion
fur la jeune Léontine, elle preffentit ce que
l'avenir lui réfervait de bonheur fous l'égide
de cette adorable perfonne, véritable génie
tutélaire de fa nombreufe famille, & elle s'appliqua dès lors prefque autant à l'obferver
qu'à l'aimer. Mme de Poix vivait à l'écart
entourée de fa famille & de fes amis, fouvent
gaie & heureufe, toujours calme & fereine,
contemplant avec courage les ruines du paffé,

jugeant le préfent fans amertume, prévoyant l’avenir fans folle efpérance. Sa belle-mère chérie, conftant objet de fes foins & de fa tendreffe, Mme la maréchale de Beauvau exiftait encore, & ne fubiffant aucune des mifères de la vieilleffe, repréfentait dans fa plus parfaite expreffion un monde antérieur à celui de Mme de Poix. Les mémoires du temps (1) ont rendu hommage au mérite de Mme de Beauvau, & les hommes de lettres diftingués qui furent les amis de fon époux & les fiens ont confacré le fouvenir de ce couple vertueux & fortuné chez lequel toutes les fupériorités femblaient avoir pris rendez-vous. La fociété de Mmes de Beauvau & de Poix, décimée & difperfée pendant la tourmente révolutionnaire, s’était reconftituée progreffi-vement depuis le Directoire. Ce cercle re-ftreint, choifi quoique varié, réfumait toutes les grâces, toutes les magies de l’ancienne fociété françaife. L’élégance du langage & des ma-nières y accompagnait toujours le mouvement des efprits; les nobles fentiments, les idées généreufes y recevaient de conftants & fincè-res hommages. Le frottement des opinions & la vivacité des caractères excitaient les entretiens fans compromettre les affections. A part les maîtreffes de la maifon, perfonne ne fe reffemblait & même ne s’entendait, fi

---

(1) Marmontel, Morellet, &c.

ce n'eſt pour ſe plaire & s'aimer. Les grandes
criſes ſociales diviſent profondément les hommes, tous ſont atteints, mais chacun eſt frappé
dans un endroit différent, & la ſouffrance com-
mune ne parvient jamais à neutraliſer la ſouffrance individuelle; à l'époque où Léontine
connut la ſociété de ſa grand'mère, les événements de la Révolution réagiſſaient encore
ſur tous les eſprits; quoiqu'on évitât de les
diſcuter ouvertement, leur influence ſe faiſait
ſentir dans les converſations les plus étrangères à la politique & juſque dans l'intimité
de la famille.

Mme de Beauvau avait partagé les grandes
eſpérances de ſon époux au commencement
de la Révolution; plus tard elle avait déploré
les conſéquences du généreux entraînement
de 89; mais après la mort de M. de Beauvau
(août 1793) elle devint inſenſible à toute
autre impreſſion, & ſe vit à regret oubliée
ſur la liſte des victimes. L'âge & le temps
n'affaiblirent point ſes regrets, elle vécut
avec ſa douleur, elle vécut de ſa douleur, &
ſon appréciation des choſes de ce monde
s'éleva à une hauteur d'impartialité, d'où ſes
jugements prenaient quelque choſe de ſur-
humain.

Mme de Poix, naturellement libérale, géné-
reuſe, enthouſiaſte, aimant le bien avec paſſion, ſéduite par les principes de M. Necker,
puis indignée & terrifiée de leurs ſuites fu-

neſtes, répudiait avec énergie ſes anciens ſentiments, s’accuſait de les avoir propagés & en éprouvait un véritable remords.

M. de Poix & ſon fils aîné Charles de Noailles, dévoués aux princes proſcrits, fortifiés par l’émigration dans leur attachement au principe monarchique, attendaient avec confiance la fin des convulſions révolutionnaires; ils ne donnaient point d’autre nom aux formes de gouvernement qui ſe ſuccédaient en France depuis 93. Juſte de Noailles, ſecond fils du prince de Poix, demeuré auprès de ſa mère pendant la Terreur, ne traitait pas auſſi cavalièrement les nouvelles deſtinées de ſon pays. Trop jeune pour avoir ſervi les princes exilés, il acceptait ſans peine le rôle de ſimple citoyen, & ſon jeune cœur battait aux récits des exploits de l’armée françaiſe, ſans s’inquiéter du drapeau qui les guidait.

Les amis groupés autour de la famille de Léontine différaient peut-être plus encore de principes, de goûts & de ſentiments. C’étaient des femmes ſpirituelles & charmantes, Mmes d’Hénin & de Simiane, déſignées, ainſi que Mme de Poix, dans les écrits du temps comme « amies de M. Necker. » La première, fidèle à ſes anciennes convictions & les ſoutenant avec ardeur; la ſeconde, partageant le repentir de Mme de Poix. C’était Mme de Teſſé, fille du maréchal de Noailles, paſſionnément libérale juſqu’à ſon dernier ſoupir; c’étaient

des hommes de lettres diſtingués, anciens
amis de M. de Beauvau, appartenant preſque
tous à l'école philoſophique : l'abbé Morellet,
Suard, Saint-Lambert ; des hommes de cour
échappés aux maſſacres de 93 : les comtes
de Damas, brillants officiers de l'armée de
Condé ; le comte de Lally-Tollendal, défen-
ſeur des émigrés ; l'abbé de Monteſquiou,
correſpondant du comte de Provence ;
Mme d'Houdetot, & enfin Mme de Staël,
tendrement attachée à Mme de Poix qu'elle
avait tenté de ſauver pendant la Terreur avec
un courage & un dévouement dont le ſouvenir ſera toujours précieux à ſes enfants.
Quand les eſprits ſont élevés & les mœurs
polies, la diverſité des opinions tourne au
profit de la converſation & produit une ſorte
de choc d'où jailliſſent les plus vives lumières.
Sous le toit privilégié de Mmes de Beauvau
& de Poix, la courtoiſie, l'urbanité des ma-
nières aplaniſſaient tous les obſtacles, & le
reſpect qu'inſpiraient les maîtreſſes de la maiſon créait un point de contact entre ces perſonnes ſéparées par des abîmes infranchiſ-
ſables.

Fut-il jamais école plus ſpécialement deſtinée au développement d'une jeune & riche
intelligence? Mais en quelque ſituation que
Dieu l'eût placée, Léontine se fût révélée
comme une perſonne remarquable, la lumière
de ſon eſprit lui eût ouvert la route, ſon

mérite l'eût élevée au-deſſus de ſa condition. Il n'en faut pas moins compter parmi les bonnes fortunes de ſa deſtinée celle d'avoir vécu dans une pareille ſociété. Léontine ſe livra à ſon propre génie & ſuivit le mouvement moral de ſon ſiècle, mais à certaines grandes lignes tracées de main de maître, on reconnaiſſait toujours en elle l'écolière de Mme de Beauvau & la petite-fille de la princeſſe de Poix.

Mme de Noailles élevait ſa fille avec ſévérité & lui donnait des habitudes d'occupation que les plaiſirs ne lui firent jamais abandonner. Séduite par l'extrême facilité de Léontine, elle l'aſſociait à ſes plus ſérieuſes études comme à ſes plus frivoles délaſſements. Léontine à quinze ans liſait en latin les comédies de Térence. M. de Noailles, élevé dans un monde qui conſidérait la pédanterie comme un vice, s'en effraya, & ce fut grand dommage : Léontine était auſſi éloignée de la pédanterie que de la ſottiſe ; elle renonça au latin, ſans peine comme elle l'avait appris, bien ſûre de le remplacer par quelque étude moins compromettante. L'obéiſſance lui parut plus difficile lorſque M. de Noailles proſcrivit le *Fandango*, que ſa mère lui avait appris en revenant d'Eſpagne, & qu'elle danſait avec des grâces raviſſantes. Parvint-elle à oublier le latin & le *Fandango* ? Il eſt permis d'en douter, ſa mémoire était merveilleuſe ; mais elle pré-

tendit plus tard n'avoir jamais fu le latin,
peut-être, comme Segrais le dit de Mme de
La Fayette, « afin de ne pas attirer fur elle la
jaloufie des autres dames. » Les craintes de
M. de Noailles étaient bien peu fondées;
Léontine, malgré fes difpofitions remarqua-
bles, cultiva toujours les arts au point de
vue le plus modefte, comme une diftraction
pour elle & pour les autres. Les talents de fa
mère contribuèrent même à lui faire apprécier
trop faiblement fes propres talents, comme la
beauté de Mme de Noailles la rendait févère
pour fa propre figure.

L'univerfalité de fon intelligence fe révélait particulièrement dans les occupations
fecondaires, dans les riens gracieux qui com-
pofent la vie habituelle des jeunes filles.
Adroite comme une fée, les ouvrages à l'ai-
guille, au crochet & jufqu'à l'infignifiante
tapifferie, prenaient fous fes doigts des formes
nouvelles & piquantes; on reconnaiffait entre
mille l'œuvre de Léontine quel que fût le
genre auquel cette œuvre appartînt; le génie
perçait de toutes parts. Ses coiffures, fes ajuftements, fort fimples cependant, femblaient
toujours n'être portés que par elle; elle leur
communiquait quelque chofe de fa grâce
innée. Telle robe, tel chapeau qui la faifait
charmante, fans elle perdait tout fon mérite.
Si quelque amie voulait en effayer, il fallait
que Léontine confentît à les lui accommoder;

circonftance du refte très-fréquente; elle aimait à parer fes compagnes comme d'autres d'ordinaire aiment à les déparer. Bref, le bonhomme Chryfale l'eût trouvée fort favante fur « le pourpoint & le haut de chauffes; » d'où l'on voit que le latin n'avait fait aucun tort aux pompons. Nous favons déjà ce que le peintre Gérard penfait de fes griffonnages enfantins; qu'il eft fâcheux pour terminer le récit fidèle de fes jeunes années de ne poffé-der aucun renfeignement fur certaines « poupées » que M. Joubert, l'ami intime de Chateaubriand, fignale dans fa correfpondance comme une des merveilles de Méréville :

« Une chofe qu'il m'eft impoffible de vous « pardonner, c'eft d'avoir laiffé partir Mme « de Chateaubriand fans lui montrer quelque « poupée de Mlle de Noailles; mais elle me « promet de revenir exprès à Méréville(1). »

A dix-fept ans Léontine époufa fon coufin Alfred de Noailles, fils puîné du vicomte de Noailles, ce chevalier français que la liberté, fallacieufe dame de toutes les nobles penfées, ravit aux traditions de fa famille & de fon Ordre. M. Charles de Noailles n'avait point de fils, le mariage de Léontine lui en donnait un qui réuniffait plus étroitement encore les derniers rameaux de la branche

---

(1) Lettres de Joübert, feptembre 1807.

cadette des Noailles. La belle figure du jeune Alfred, fes précoces vertus, donnaient raifon au choix qu'avaient prefque exclufivement dicté des convenances de famille.

Alfred de Noailles avait embraffé la carrière des armes, tandis que fon frère aîné, Alexis de Noailles, parcourait l'Europe, meffager fidèle du monarque exilé. Le fouvenir de la fin glorieufe du vicomte de Noailles mort, à l'île de Cuba, des bleffures qu'il avait reçues en prenant à l'abordage la frégate anglaife *Hazard*, 1808, follicitait fon jeune courage, le drapeau que fon père avait défendu jufqu'à la mort attirait fon cœur. Il entra dans un régiment, & comptait déjà plufieurs campagnes & de longs mois de prifon lorfqu'il époufa Léontine (1809).

La diminution & l'embarras des fortunes particulières, conféquences de la Révolution, ne permettaient pas les groffes dots; celle de Léontine fut très-modefte, Alfred de Noailles, fils de cadet & de plus foumis au partage par les lois nouvelles, apportait en mariage un mince patrimoine & de grandes charges. La carrière militaire était onéreufe, les frais de campagne abforbèrent dès l'abord la majeure partie du budget des jeunes époux; Léontine fe foumit avec joie aux exigences de la carrière de fon mari, elle n'aimait point le luxe. Quand, vingt ans plus tard, elle recueillit l'héritage de fes parents, elle s'impofa le luxe comme un devoir de poſition, & jouit de ſa fortune en grande dame & ſurtout en grand cœur, mais non ſans regretter les heureux temps de ſa jeuneſſe, où, ſelon ſa propre expreſſion, elle était véritablement *gueuſe*.

Peut-être eut-elle plus de peine à admettre les ſentiments politiques du jeune officier complétement oppoſés aux ſiens. Moins heureuſe que la mère de M. de Narbonne, Léontine n'en était pas encore arrivée pour Napoléon à « l'admiration. » Ce qu'il y avait de ſauvage, de brutal dans le génie de Bonaparte heurtait les exquiſes délicateſſes de ſon goût. Patricienne & frondeuſe juſqu'au fond de l'âme, le vainqueur de Marengo & d'Auſterlitz reſtait toujours pour elle « un gentilhomme corſe, » dont la toute-puiſſance bleſſait ſon orgueil & ſes ſouvenirs. Mais elle était ſage avant tout, & ſage à vingt ans, ce qui eſt plus rare encore ; reconnaiſſant les avantages immenſes qui réſultent pour les hommes d'une vie utilement & noblement occupée, elle fit taire ſes répugnances perſonnelles & s'aſſocia franchement à la carrière de ſon époux. Léontine ne devait point connaître les douceurs de la vie conjugale. Alfred de Noailles partit pour l'Allemagne quelques jours après ſon mariage, & les trois années que dura leur union furent marquées par de longues & cruelles ſéparations ; le caractère d'Alfred de Noailles, ſon amour paſſionné

pour la gloire, le défir ardent qu'on lui con-
naiffait de raviver l'illuftration de fes pères
au milieu des batailles, doublait les inquiétudes qu'infpirent toujours les départs du
foldat. Léontine fentait en le quittant qu'il
allait expofer plus que tout autre le noble
cœur que la gloire feule pouvait lui difputer.
Alfred de Noailles, officier d'ordonnance du
maréchal Berthier (1), fut tué au paffage de
la Béréfina le 28 novembre 1812. Les Cofa-
ques qui l'avaient frappé recueillirent fon
corps, on trouva fur fa poitrine fanglante le
portrait de Léontine & l'Imitation de Jéfus-
Chrift. Ces deux objets difaient toute la vie
de ce jeune brave, il mourait pour fa patrie
entre l'image de fa femme & le livre de fon
Dieu.

Léontine n'avait qu'entrevu l'époux fi
cruellement enlevé à fon amour; & pourtant
elle le regretta vivement & profondément.
La douleur eft une impreffion momentanée
qui traverfe le cœur plus ou moins rapide-
ment, felon les caractères; mais les traces de
fon paffage ne s'effacent jamais, on les re-
trouve dans les profondeurs de la penfée lors
même que les fignes extérieurs ont depuis
longtemps difparu. Cette épreuve prématurée
des rigueurs du fort mûrit & fortifia le cara-

____

(1) Alfred de Noailles avait quitté fon régiment pour
entrer dans l'état-major du maréchal Berthier.

ctère de Léontine ; elle perdait fon compagnon de route au début du voyage ; elle reftait feule avec un enfant de trois mois privé pref-que en naiffant de fon premier appui. Cette double refponfabilité lui impofait d'auftères devoirs, & décida de fon avenir. Quoiqu'elle ne fût point naturellement portée aux partis extrêmes & que fa fageffe d'ailleurs l'eût fait aifément renoncer à des réfolutions prifes dans un moment de furexcitation morale, nous croyons pouvoir affirmer qu'à aucune époque de fa vie elle ne fongea jamais férieufement à fe remarier. Le deffein de refter veuve, conçu dans les premiers jours du veuvage, auprès du berceau de fa fille, triompha des follicita-tions affectueufes de fa famille, réfifta aux brillants hommages qui fe preffèrent en foule à fes pieds. Un lien nouveau aurait entravé l'accompliffement de fes devoirs en-vers la jeune enfant dont elle était l'unique, foutien ; un fecond hymen eût affaibli fa tendreffe en la divifant. Ces confidérations, admifes dès le principe, grandirent avec le temps dans l'efprit de Léontine, & lui fem-blèrent enfin des lois fouveraines & chéries lorfque l'amour maternel fe fut emparé de toutes les facultés de fon cœur. Les circon-ftances favoriffèrent le plan de vie qu'elle fe traça après la mort de fon mari ; elle conti-nua à demeurer chez fa grand'mère, la prin-ceffe de Poix, entourée de toute fa famille ;

jamais elle ne fentit le befoin d'aide & de
protection qui décide le plus fouvent des
feconds mariages. Nous aimons à placer ici le
jugement que portait d'elle, pendant l'année
qui fuivit celle de fon veuvage, un ancien
ami de la famille, le cardinal de Bauffet.
Léontine recherchait déjà le commerce des
hommes diftingués; l'âge, la gravité du caractère n'effrayaient point ce jeune efprit ac-
coutumé depuis l'enfance aux converfations
fortes & nourries du foyer paternel.

« J'ai vu une jeune perfonne porter dans
le monde, au moment où elle y eft entrée, le
maintien, la réferve, les manières & le langage qui n'appartiennent ordinairement qu'à
l'ufage & à l'expérience de plufieurs années.
Je l'ai vue montrer un fentiment de préférence pour la fociété des perfonnes à qui leur
âge, l'habitude de leurs idées, leur langage
& leur genre d'inftruction pouvaient donner
un vernis d'antiquité peu propre à attirer
l'intérêt & l'attention de la première jeuneffe.
Je l'ai entendue fe mêler avec plaifir à leurs
entretiens, parler leur langage, & porter dans
l'expreffion de tous fes fentiments un goût de
raifon & de délicateffe qui eft devenu étranger à la fociété actuelle; cette maturité d'efprit & de raifon n'offrait aucun contrafte
ridicule avec fa jeuneffe & fes agréments.
Exempte de toutes prétentions, toujours in-
fpirée par le bon goût, toujours fimple, fin-

cère & naturelle, elle était auffi aimable avec les perfonnes de fon âge qu'intéreffante pour celles d'un âge plus avancé ; environnée d'une nombreufe famille elle était également chérie de tout ce qui en faifait partie ; fidèle à tous les devoirs de fociété, elle avait fu conferver l'indépendance & la liberté nécef-faires pour orner fon efprit & cultiver fa raifon plus diftinguée encore que tous les agréments du naturel le plus aimable; elle avait de la confidération à un âge où les qua-lités les plus féduifantes ne peuvent encore obtenir que de la bienveillance. Elle a ramené ma vieille imagination à ces jours d'enchan-tements & d'illufion dont je cherchais dans ma jeuneffe à retrouver les tableaux & les récits dans les Lettres de Mme de Sévigné. Je la regarde comme deftinée à conferver toutes les bonnes traditions de ce fiècle. Elle voit tomber fucceffivement le peu de monu-ments qui nous en reftent; elle leur furvivra longtemps, & lorfque les jours de la barbarie feront paffés, elle apparaîtra tout à coup comme un de ces beaux monuments des Grecs qui ont révélé, après le filence de plu-fieurs fiècles, le fecret de leur génie & de leur bon goût (1). "

Le jugement du cardinal de Bauffet s'a-dreffait au préfent & à l'avenir de Léontine;

---

(1) Lettres inédites du cardinal de Bauffet.

plus heureux que lui, nous avons vu l'entier accompliffement de fes prophéties.

Les qualités morales de Léontine nous ont jufqu'ici uniquement occupé, devons-nous garder le filence fur les agréments de fa perfonne, refpectés par le temps prefque jufqu'à la fin de fa vie ? Ses contemporains ne nous le pardonneraient pas. L'extérieur des femmes, quoi qu'en dife l'auftère raifon, n'eft jamais indifférent, & certaines enveloppes terreftres nuifent inexorablement aux purs efprits qu'elles contiennent. L'extérieur de Léontine était bien réellement la forme, l'expreffion de fa nature morale ; dans l'impreffion qu'elle produifait, fa figure & fon efprit étaient inféparables, fans ceffe confondus ; fon vifage irrégulier, mais éblouiffant de fraîcheur & d'intelligence, plaifait au dernier point ; l'élégance de fa taille, de fon maintien, de fa démarche rappelait fans ceffe l'élégance de fon efprit : elle marchait comme elle parlait. Sa tête, admirablement placée, s'élevait, fe penchait, fe balançait au-deffus de fes épaules d'une façon toute particulière, à la fois gracieufe & digne. Il y avait en elle de la nymphe & de la grande dame ; fa phyfionomie, fidèle reflet de l'état de fon âme, exprimait le plus fouvent une franche & malicieufe gaieté qui n'allait jamais jufqu'à l'ironie. Mais la converfation en variait à l'infini les mouvements, & le plaifir de voir parler Léontine

égalait prefque celui de l'entendre parler.
Elle excellait dans tous les exercices du corps
permis aux femmes. Sa danse, vive, légère,
entraînante, rappelait les fictions aériennes
rêvées par les poëtes, fans s'éloigner jamais
de la fimplicité de la bonne compagnie. Bref,
près d'elle on oubliait les plus jolies; perfonne n'eût confenti à l'embellir : pour l'embellir il aurait fallu la changer.

Telle était Mme de Noailles au début de
fa carrière de jeune femme; nous regrettons
de ne pouvoir fournir de plus nombreux
témoignages à l'appui de notre faible appréciation; il doit en exifter, le temps les révé-
lera. Mme de Noailles fuyait la célébrité, on
le favait, on refpectait fa rare modeftie. Les
admirations de fes contemporains s'adrefferont
à fa mémoire.

Les événements publics de 1814 apportè-
rent une impérieufe diverfion à toutes les
préoccupations particulières; Léontine fubit
l'influence générale; fa penfée, longtemps
repliée fur elle-même, s'affocia de nouveau
au mouvement extérieur. L'éloignement in-
ftinctif qu'elle avait toujours reffenti pour
Napoléon s'était changé, depuis la mort de
fon mari, en haine perfonnelle. Comment
n'aurait-elle pas défiré avec paffion la chute
du monarque qui lui avait enlevé un époux
juftement chéri, par une guerre imprudente
dans fon principe, défaftreufe dans fes con-

séquences? Mme de Staël l'a dit : « Les opinions des femmes font des noms propres. » Du refte, Mme de Noailles était la première à fe reconnaître juge & partie dans tout ce qui concernait l'Empire & Napoléon; & lorfque plus tard, fous le règne du roi Louis-Philippe, l'affaibliffement progreffif du pouvoir royal vint alarmer toutes les confciences politiques, elle fe prit fouvent à regretter la main de fer qui foutenait fi énergiquement l'édifice menacé de l'ordre focial.

Mme de Noailles, nous l'avons dit, était royalifte de fang & d'inftinct; mais la réflexion avait fortifié & développé fes inftincts, & la joie que lui caufait le retour des Bourbons n'était pas feulement un fentiment perfonnel. Les actes de la première Reftauration fatisfaifaient fon patriotifme : la France, envahie, prefque conquife, traitait encore avec l'Europe dans des conditions compatibles avec la dignité d'un grand pays; Louis XVIII aux Tuileries, entouré de fes vainqueurs, femblait recevoir les hommages de ceux qui lui dictaient des lois. Mme de Noailles avait confervé un fouvenir délicieux des premiers jours de la Reftauration; elle aimait à les retracer, à peindre fon propre enivrement & le bonheur de le voir partager un moment par toutes les claffes de la fociété réunies autour des petits-fils de Henri IV; le peuple français n'avait pas encore donné la mefure de fa verfatilité; on le croyait guéri parce qu’il avait beaucoup fouffert. Que ne pouvons-nous citer ici les propres paroles de Mme de Noailles, retrouver fon langage éloquent, convaincu, & les grâces piquantes de certains épifodes femi-burlefques qui fe mêlent fouvent aux plus grandes émotions.

Il fallait l’entendre conter comment, le jour de l’entrée de Louis XVIII à Paris, elle s’était hiffée avec fa mère & fa belle-fœur, la marquife de Vérac, fur une voiture de place adoffée au tertre du boulevard en guife d’eftrade, d’où elle diftribuait des cocardes & des emblèmes royaliftes; comment la voiture fut bientôt envahie de toutes parts par des hommes & des femmes du peuple qui s’accrochaient à fa robe, s’appuyaient fur fes épaules, & qu’elle inondait de cocardes blanches; puis l’arrivée du cortége royal & le « Vive le Roi! » de la vieille France retentiffant tout à coup dans les airs, après vingt ans de filence, comme les cloches au jour de Pâques annoncent les gloires de la réfurrection, l’enthoufiafme de la foule s’élevant jufqu’au délire, & Mme de Noailles, hors d’elle-même, répondant avec une indignation prefque férieufe à une femme du peuple qui s’extafiait fur la perruque du prince de Talleyrand, membre prééminent du cortége royal : « Non, madame, ce font fes cheveux; il a de très-beaux cheveux; » preuve, s’il en fût, de fon ivreffe, car Mme de Noailles haïffait cordialement le prince de Talleyrand; mais rien ne devait manquer en ce jour au reftaurateur de la maifon de Bourbon, pas même des cheveux!

Les joies des falons fuccédèrent aux joies populaires; réunions animées, fêtes brillantes, réjouiffances de toute efpèce à la cour & à la ville. Mme de Noailles entrait dans le monde prefque pour la première fois, les abfences, puis la mort de fon mari l'ayant condamnée à la retraite depuis l'époque de fon mariage. L'afpeſt des falons était curieux & intéreffant au fortir de la grande crife de la Reftauration: jamais on ne vit pêle-mêle grandiofe plus complet d'hommes & de chofes, d'idées & de fentiments. Les émigrés & les douairières de l'ancien régime coudoyaient les princes des batailles & les ducheffes de l'Empire; les libéraux de 89 s'entretenaient avec les fénateurs de 1808, les vaincus de Quiberon avec les miniftres du Direſtoire, fans effort, fans amertume, c'étaient de véritables fcènes de l'âge d'or. L'abdication de Fontainebleau voilait l'éclat de certaines ingratitudes, devenues trop célèbres plus tard, & plufieurs membres de la famille impériale adhéraient au nouvel ordre de chofes; l'impératrice Joféphine recevait la vifite des fouverains alliés; Hortenfe, reine de Hollande, portait fes hommages aux pieds de Louis XVIII. Il régnait pour ainfi dire une certaine bonhomie dans les grands changements qui s'opéraient en France, la Reftauration fe faifait à l'amiable.

La famille de Noailles avait repris fon ancienne pofition à la cour & figurait à toutes les fêtes qui fignalèrent l'avénement au trône du roi légitime. Léontine, felon l'habitude de fon caractère, paffant « du grave au doux, du plaifant au févère, » danfait de tout fon cœur & prenait part à toutes les converfations, converfations curieufes s'il en fut, où fe croifaient tant d'intérêts nouveaux, où fe mêlaient tant de nouvelles idées, où s'effayaient tant de nouvelles combinaifons. La chute de l'Empire avait fait table rafe, la monarchie légitime s'élaborait fur les ruines amoncelées de vingt années de révolution. Dès lors l'admirable bon fens qui dominait toutes les autres qualités de l'efprit de Léontine fe faifait jour à travers l'enthoufiafme bourbonien de fon cœur. Elle comprenait non-feulement les exigences du temps à l'égard des formes extérieures de la royauté, mais encore le befoin de progrès, de liberté, qu'un nouvel ordre de chofes devait affurer à la France fous peine d'incapacité ou d'aveuglement ; elle s'irritait particulièrement contre ces retours puérils vers des inftitutions vieillies dont le pays avait perdu l'habitude, partant le refpect, & dont les ennemis du gouvernement s'emparèrent plus tard avec tant d'habileté

pour compromettre la parole royale folen-
nellement engagée par l'acte de Saint-Ouen.
Léontine rencontrait habituellement dans
le falon de fa grand'mère tous les hommes
marquants du nouveau régime, & furtout
l'abbé de Montefquiou, premier miniftre de
Louis XVIII, ami intime de Mme la princeffe
de Poix. Quelques falons fignalés par les
hiftoriens de la Reftauration s'ouvraient alors
aux hommes politiques, toujours empreffés
de fe réunir quand les événements publics
donnent carrière à leurs ambitions. La fociété
fe reconftruifait à la hâte; mais le tumulte des
efprits & l'unanimité des opinions ne permettaient point encore aux falons de reprendre
l'importance & l'éclat qu'ils acquièrent toujours fous des gouvernements fermement éta-
blis. Nous devons cependant faire ici mention
du falon de Mme de Staël rouvert à cette
époque, parce que la maîtreffe de la maifon
lui donnait une couleur toute perfonnelle qui
laiffa de profondes traces dans l'efprit de
Mme de Noailles.

Mme de Staël rappelée de l'exil retrouvait
avec tranfport « le ruiffeau de la rue du Bac, »
& les illuftrations du jour fe preffaient en
foule autour de l'immortel auteur de *Corinne*.
Comme petite-fille de Mmes de Beauvau &
de Poix, Mme de Noailles était prédeftinée
à la bienveillance de Mme de Staël; mais fes
charmes, fa précoce fupériorité lui firent

bientôt une place individuelle dans le falon
de l'illuftre amie de fes deux grand'mères,
elle y allait fouvent en habit de bal, prefque
entre deux contredanfes, & recevait le plus
aimable accueil de la maîtreffe de la maifon.
Le génie de Mme de Staël électrifé par les
événements de 1814, n'avait jamais brillé
d'un plus vif éclat. L'avénement de cette
royauté conftitutionnelle, conftant objet de
fes efpérances, but unique de fes travaux, lui
caufait de véritables tranfports; les paffions
politiques de fa jeuneffe renaiffaient, la fille
de M. Necker reparaiffait fur la brèche auffi
ardente que par le paffé, enrichie de trente
années d'expérience, verfant des flots de lumière fur fes adverfaires & fur fes partifans
également éblouis. Le mouvement libéral
de la première Reftauration n'avait point
l'énergie virile de 89, ni cette unité de principes & de but qui donnait tant de force à
l'action & qui répandait tant d'intérêt fur ceux
qui agiffaient. La Révolution avait introduit
des nuances infinies dans les partis, & Napoléon avait créé, par fa feule perfonnalité, un
élément tout nouveau dans le monde français.
Mais en revanche, les complications extérieures, la préfence des armées étrangères fur
le fol national, la chute récente du plus grand
capitaine des temps modernes, donnaient un
afpect impofant, nouveau, & en quelque forte
pittorefque à la politique françaife. Que de

grandeur dans les défaftres mêmes de notre pays! dans cette lutte fabuleufe d'un feul homme contre l'Europe coalifée! L'efprit admirablement verfatile de Mme de Staël fe plaçait à tous les points de vue de cette prodigieufe fituation; fon génie dominait par intervalle fes fentiments & fes paffions; pour elle la reftauration des Bourbons, l'invafion étrangère, n'étaient qu'un poëme épique dont elle fuivait les péripéties, dont elle admirait les héros avec l'enthoufiafme pur & élevé que les grandes luttes de l'humanité infpirent aux grands efprits qui les contemplent.

Nous appuyons à deffein fur les impreffions de Mme de Noailles dans le falon de cette femme illuftre, parce que Mme de Noailles elle-même fe plaifait à les reproduire quand les accidents de la converfation provoquaient fes fouvenirs. En général, elle ne faifait guère de récits; l'abondante récolte de fes obfervations fe cafait à l'aife dans une mémoire, toujours prête & jamais preffée, qu'elle gouvernait defpotiquement; rare puiffance! car la mémoire eft une faculté fecondaire difpofée à l'ufurpation. Il fallait donc lui faire un peu violence pour la décider à raconter. Mais alors, quel charme dans le récit, quelle lucidité dans les fouvenirs, quel heureux choix dans l'expreffion! Mme de Noailles excellait à décrire l'attitude de Mme de Staël au milieu de fon falon, fes

pofes originales, fes toilettes fantaftiques;
elle avait faifi au vol des traits bizarres, des
contraftes étranges qui font les ingénuités du
génie, on ne fe laffait point de l'entendre;
le récit terminé, on aurait voulu, comme les
enfants, lui demander de recommencer.

Il est des événements qui confondent la
fageffe humaine, des événements devant lef-
quels tous les caractères font défaut; les Cent-
Jours furent de ce nombre; les vainqueurs
furent prefque auffi embarraffés de leur triomphe que les vaincus de leur défaite; le héros
de cette fublime aventure y perdit même
quelque chofe de la dignité de fon génie, en
faifant appel aux paffions révolutionnaires
qu'il avait naguère étouffées fous fa pourpre
impériale.

Les Cent-Jours s'écoulèrent dans une forte
de fièvre univerfelle, qui dévorait le préfent
fans permettre de fonger à l'avenir. Napoléon
jouait fa dernière carte fur le tapis de l'Europe, & la France éperdue redoutait fon
triomphe & n'ofait fouhaiter fa chute. Quand
la déroute de Waterloo ramena Louis XVIII
à Paris pour la feconde fois, le filence & la
trifteffe régnaient partout fur fon paffage;
felon l'expreffion de Mme de Noailles « toutes
les joies de la Reftauration avaient difparu;
on était foulagé, mais on n'était plus heureux. »

Mme de Noailles fut profondément atteinte

par les événements de 1815, elle en prévit les funeftes conféquences, fa foi monarchique s'ébranla, elle défefpéra de l'avenir du pays; elle fentit que ces changements à vue, que ces foubrefauts politiques & fociaux étaient une grande déchéance morale pour la nation qui les fupportait. Les exactions étrangères indignèrent fon patriotifme, les réactions royaliftes défolèrent fa confcience; enfin fans changer de fentiment, elle changea de conviction, & fe trouva en politique dans la pire des fituations, celle de ne plus croire aveuglément à ce qu'on aime.

N'allons pas oublier cependant que Mme de Noailles avait vingt ans, & qu'à cet âge les préoccupations politiques, fi férieufes qu'elles foient, n'abforbent point la vie; d'ailleurs elle avait ce mérite, affez rare chez les femmes fupérieures, d'être très-jeune de caractère, elle aimait à rire, à chanter, à danfer par-deffus tout. Sa jeuneffe, contenue de prime abord par un grand malheur domeftique, faifait explofion. Lors donc que la feconde Reftauration fe fut établie fur les décombres de l'Empire, Mme de Noailles, banniffant les fouvenirs douloureux & les triftes prévifions, fe prit à jouir paffionnément d'une époque particulièrement favorable aux perfonnes de fa forte & dont elle devait jouir plus que toute autre par la nature de fes goûts & de fon caractère.

C'eſt pendant les quinze années de la Reſtauration qu'il faut placer la vie mondaine de Mme de Noailles & les ſuccès éclatants de ſa perſonne & de ſon eſprit. C'eſt auſſi pendant ces quinze années qu'il nous faut admirer le progrès rapide de ſa belle intelligence, ſa ſageſſe, ſa précoce dignité, l'accord merveilleux qu'elle ſut établir entre ſes devoirs & ſes plaiſirs; en obſervant toutefois que ſes ſuccès ne furent jamais meſurés à ſes mérites, parce qu'elle ne voulut faire uſage de l'effet qu'elle produiſait dans aucun but de gloire perſonnelle.

La famille de Noailles avait retrouvé toutes les charges & toutes les faveurs héréditaires de l'ancien régime. Mais Mme de Noailles n'en profitait point perſonnellement, ſa fortune était moins que médiocre, ſa poſition dans l'intérieur de Mme la princeſſe de Poix, celle d'une fille très-aimée ſans doute, mais dont la deſtinée eſt incertaine. Sans parler d'un ſecond mariage qui lui eût aſſuré un ſort digne de ſa naiſſance & de ſes mérites, ne pouvait-elle pas éprouver le beſoin d'iſoler ſa ſupériorité, de briller par ſon ſeul éclat, de faire connaître au monde les merveilleux dons qu'elle avait reçus du ciel! Si l'ambition ſe fût éveillée dans ſon cœur, ſous une forme quelconque, elle aurait trouvé pour ainſi dire ſous la main de quoi ſatisfaire aux plus impérieuſes exigences de cette grande paſſion

de l'humanité, les circonſtances lui offraient
ſur ce point un puiſſant concours, elles ſem-
blaient même ſolliciter ſa ſageſſe. La ſituation
de ſa famille à la cour & dans la ſociété, un
certain éclat héréditaire que les Noailles
avaient ſu conſerver à travers les tempêtes révolutionnaires, l'autorité du ſalon de Mme la
princeſſe de Poix, auraient légitimé dans ſa
petite-fille les plus hautes prétentions. Elle
était jeune, libre, aimable, préparée à tous
les ſuccès. Son père, le duc de Mouchy,
était capitaine des gardes du corps du roi
Louis XVIII; ſa tante, la comteſſe de Noailles,
devint dame d'atour de Madame la ducheſſe
de Berry; ſon beau-frère, le comte Alexis de
Noailles, aide de camp de Monſieur, comte
d'Artois. Sa propre place ſemblait marquée
auprès des princeſſes, mais elle tremblait
qu'on ne ſongeât à elle, & fit ſi bien qu'on
n'y ſongea point. Cette jeune royaliſte, ivre
de joie au retour des Bourbons, déteſtait
les cours & la ſociété des princes heureux;
l'indépendance de ſon caractère, ce beſoin
d'honnête liberté qu'éprouvent les eſprits
ſupérieurs; pour tout dire, l'humeur frondeuſe qui lui était naturelle ravivée par le
triomphe même de ſon propre parti lui inſpirait un éloignement invincible pour les places
élevées, qu'elle eût ſi facilement obtenues.
Mme de Noailles fit partie, au début de la
Reſtauration, de la ſociété intime du duc de

Berry. Cette fociété fort reftreinte s'était formée autour d'un prince fpirituel, aimable, qu'on pouvait louer fans flatterie, aimer fans compromettre la dignité du fujet fidèle mais fier, dignité fi fort en danger au milieu des cours. M. le duc de Berry, dernier rejeton de la branche aînée des Bourbons, avait de l'efprit, des talents, le goût des arts & des nobles plaifirs; il apprécia tout d'abord la charmante fupériorité de Mme de Noailles & fut infpirer un véritable attachement au cœur le moins courtifan qui fût jamais. Mme de Noailles s'attacha à M. le duc de Berry, parce qu'il était aimable, & alla beaucoup à l'Élyfée parce qu'elle s'y amufait; mais après la cata-ftrophe du 14 février elle ne parut plus à la cour que dans les grandes occafions, encore fallait-il fouvent des ordres paternels pour la décider à remplir les devoirs de femme pré-fentée envers ces princes auxquels elle eût donné fans effort & fon fang & fa vie.

Les féductions de la cour échouèrent au-près de Mme de Noailles, celles du monde politique trouvèrent la même réfiftance. Mme de Noailles s'intéreffait vivement aux affaires; de la politique, elle aimait tout à la fois les détails, le mouvement, le jeu, & les grands problèmes fociaux qui en font le but & la fin. Elle était en relation conftante, fou-vent intime avec les hommes d'État de l'épo-que, fidèles habitués du falon de la princeffe de Poix. Leur admiration, leur confiance, leurs hommages, l'avertiſſaient ſans ceſſe de l'influence qu'elle pouvait exercer ſur leurs eſprits. Sans doute elle était bien jeune & bien charmante pour le rôle de femme politique, réſervé de nos jours aux loiſirs de l'âge mûr, mais le paſſé de la France abonde en femmes politiques de vingt ans auxquelles on ne reprochait jamais d'être jeunes & charmantes, Mme de Noailles pouvait les faire revivre, nous rendre ſous une forme nouvelle cette politique à coups d'éventail, élégante, paſſionnée, chevalereſque, ſi fort priſée des Français. Pourquoi ne l'a-t-elle pas voulu !

Reſtait le monde littéraire. Ici encore des exemples entraînants, contemporains, tirés même de ſa propre famille : le ſalon de Mme la ducheſſe de Duras où elle rencontrait chaque jour les hommes de lettres qui furent la gloire de l'époque conſtitutionnelle, réunis à la ſociété la plus élégante, la plus ariſtocratique, ſous l'empire d'une femme ſupérieure & parfaitement aimable, auſſi diſtinguée par ſes talents que par ſes qualités morales. Certes les tentations étaient puiſſantes dans le ſalon de Mme de Duras ; elle-même faiſait enviſager les ſuccès littéraires des femmes ſous un jour nouveau, dégagés de toute pédanterie, alliés à une vie de famille édifiante, à des ſentiments maternels juſtement paſſionnés. Qui ne ſe fût honoré de marcher ſur les traces de

Mme de Duras? Mais non; Mme de Noailles pouvait tout & ne voulait rien. Crédit, honneurs, gloire, fuccès, flottaient vainement autour de fa fageffe; fatisfaite de fon fort, heureufe par fes goûts & par fes affeêtions, foutenue dans les épreuves de la vie par l'inaltérable gaieté de fon caraêtère, elle régnait paifiblement fur fes brillantes facultés & redoutait les conquêtes. Sa modeftie confiftait non pas à paraître ignorer fa force, fa valeur morale, mais bien à trouver tout fimple, tout naturel d'être fupérieure. On eût dit que le monde était peuplé de fes pareilles, tant elle s'étonnait peu des fuccès qu'elle y rencontrait. Habituée dès l'enfance à vivre au milieu d'un grand luxe d'intelligence, elle continuait à l'entretenir, comme elle eût rempli un devoir de famille.

Mme de Noailles vécut donc au milieu du monde de la Reftauration fans ambition, fans but, fans carrière, fi le mot peut s'appliquer à la deftinée des femmes. Mais ce pouvoir, cette influence qu'elle repouffait, ne l'exerçait-elle pas à fon infu? En France, où la converfation confronte fans ceffe les efprits, réunit hommes & femmes fur le même terrain, on n'eft jamais impunément fupérieure, fpirituelle & charmante. L'influence de la converfation eft fans bornes, parce qu'elle eft infaififfable; les efprits confondus dans un commun effor perdent leur individualité, les idées jetées à l'aventure, les lumières laissées pour ainsi dire derrière soi comme un brillant sillage, profitent à la masse, & souvent la pensée éclose dans cette mêlée intellectuelle traverse le monde sous une origine usurpée. Les femmes de ces deux derniers siècles, dont les talents, le génie se sont révélés à nous par des indiscrétions posthumes, n'avaient pas plus que Mme de Noailles recherché le crédit, les honneurs & la gloire, & pourtant quoiqu'il n'en existe aucune preuve palpable, n'avons-nous pas la certitude qu'elles exercèrent une influence sur les destinées politiques, littéraires & sociales du pays, par le seul fait de leur commerce journalier avec les hommes distingués de l'époque? Il nous plaît de songer à l'influence secrète & involontaire de Mme de Noailles sur la société de la Restauration. Nous la voyons dans le salon de Mme de Duras fêtée, appréciée, aimée, aux prises avec les intérêts littéraires du moment, si vifs, si variés, & que chaque jour venait renouveler & accroître, mais sans bagage personnel, guerroyant pour l'honneur, parfois entraînée vers l'école nouvelle sous le charme de M. de Chateaubriand, quoique toujours fidèle aux traditions du langage, du goût, si ce n'est aux idées du passé. Nous la voyons dans le salon de Mme de Montcalm plus exclusivement consacré aux intérêts politiques, surprendre & charmer cette grave société par les qualités férieufes & les grâces de fon efprit, jouir de la noble amitié du duc de Richelieu, & fous l'infpiration de ce miniftre modèle, l'honneur de la Reftauration, adopter une politique grande, élevée, fagement libérale, qui devint celle de toute fa vie.

Nous la voyons enfin brillante, entourée, adorée dans toutes les réunions de cette belle époque de la Reftauration, heureux mélange du paffé & du préfent, dernier rayon du foleil monarchique qui éclairait la France depuis quatorze fiècles, & nous ofons dire que fans y jouer un rôle principal elle en fut du moins la plus pure & la plus charmante expreffion.

Nous cherchons à repréfenter Mme de Noailles, & l'étude de fon caractère comme de fon efprit nous ramène involontairement à fa vie intérieure, à ce cercle de famille dont elle était l'orgueil & le bonheur, & qu'elle préférait toujours aux réunions du monde. C'eft que pour apprécier juftement le caractère & l'efprit de Mme de Noailles il fallait vivre auprès d'elle, noter jour par jour, heure par heure les nobles mouvements de fon âme, recueillir les traits de lumière qui jailliffaient de fon efprit dans le cours de la vie ordinaire. Ceux qui la rencontraient au milieu des falons pouvaient attribuer au choc de la réplique la verve étincelante de fa converfation ; ils ignoraient que cet éclat éblouiffant, tempéré par des grâces inexprimables, était le pain quotidien de l'heureufe famille que Mme de Noailles allait retrouver en les quittant? Les relations de fociété les plus intimes ne pouvaient donner qu'un faible aperçu de l'égalité de fon caractère, de l'égalité de fon efprit; elle n'avait, fi l'on peut s'exprimer ainfi, aucune des habitudes, aucun des befoins de la fupériorité; fon théâtre, fon public étaient partout, parce qu'elle ne les cherchait nulle part. L'admiration même, ce puiffant aiguillon du génie, fut pour elle une jouiffance, jamais un befoin. Elle paraiffait toujours avoir envie de plaire, parce qu'elle plaifait toujours, mais fa volonté était fouvent étrangère à fes fuccès.

Inacceffible à l'ennui, tous les genres de vie lui convenaient; le monde & la retraite, l'étude & les plaifirs, femblaient être alternativement, felon les circonftances, le befoin de fon efprit & de fon cœur. Elle s'accommodait des plus méchantes compagnies & leur prodiguait fes largeffes; fa libéralité était fans bornes, fon efprit, argent de poche, qu'elle jetait à tous les paffants & dont elle eût volontiers mangé « le fonds avec le revenu, » fi le fonds n'eût été inépuifable. Mais que dire de cette bonté conftante, tout imprégnée des grâces & des délicateffes de fon efprit, de cette bonté judicieufe, réfléchie & d'une nature fi élevée qu'elle eût à elle

feule conftitué une grande fupériorité morale?
La bonté de Mme de Noailles n'était point
celle que le monde infcrit en tête de fes
jugements ; ce qu'il y avait de mordant dans
fon efprit, d'incifif dans fa perception des
faibleffes de l'humanité pouvait tromper fur
les véritables fentiments de fon cœur. Pour
connaître l'étendue de cette bonté, les raffi-
nements de fa délicateffe, il fallait avoir été
fon obligé, & ce bonheur ne peut être ra-
conté que par ceux qui en ont joui.

Mme de Noailles avait trouvé dans fa famille des affections de femme profondes &
folides. Quelques compagnes de fon enfance
devinrent les amies de toute fa vie, & lors
de fon entrée dans le monde elle forma d'autres relations du même genre qui, juftifiant
toujours le choix de fon cœur, contribuèrent
beaucoup à l'agrément de fon exiftence ; elle
aima & fut aimée avec fidélité, avec dévouement. Même dans la fociété des jeunes
femmes, le charme de fon caractère fit fupporter fa fupériorité aux plus envieufes. Là,
comme ailleurs, elle n'éprouvait aucune ambition perfonnelle, & fans projet, fans étude,
ne fongeait qu'à s'amufer comme une penfionnaire ; le plaifir qu'elle goûtait avec tant
de vivacité & d'abandon débordait autour
d'elle, fa gaieté devenait contagieufe ; elle
favait fi bien s'amufer, toujours & de tout,
découvrir le plaifant d'une fituation, en

rompre la monotonie, s'accommoder d'une
partie maussade ou manquée, battre en brèche
les mauvaises humeurs ! Avec elle tous les
plaisirs semblaient délicieux, tous les caractères bons & faciles ; sa seule présence assurait
la paix & le succès des entreprises de société,
d'ordinaire sources inépuisables de troubles,
d'irritations féminines. La mode était alors
aux comédies de société, on jouait dans les
environs de Paris, à Paris même, & particulièrement chez plusieurs amies de Mme de
Noailles ; elle s'en amusait à l'excès, mais,
chose étrange, sans émotion d'amour-propre.
Elle acceptait les petits rôles, les rôles sacri-
fiés, de la meilleure grâce du monde, s'occu-
pait de l'ajustement de ses compagnes presque
autant que du sien propre ; elle y mettait les
mains & son habileté instinctive confondait
les habilleuses & coiffeuses de profession.
Cette aimable insouciance, dont nous ne
citons là qu'un exemple entre mille, lui lais-
sait une liberté d'esprit également favorable
à son succès & à celui de la comédie ; elle
avait en scène un entrain naturel, une grâce
de répartie qui tenait au repos intérieur de
l'amour-propre, rien d'étudié, rien de fa-
ctice, le sentiment dramatique suppléait à
l'art. Le goût de Mme de Noailles pour
le théâtre était si vrai, si dégagé de prétentions & de coquetterie, qu'elle prenait plaisir
aux comédies de société les plus modestes,

& jamais peut-être fon talent dramatique n'était plus féduifant que lorfqu'elle jouait la comédie chez Mme la princeffe de Poix avec fes jeunes neveux & fes femmes de chambre, devant une galerie compofée des vieilles amies de fa grand'mère. On aurait peine à fe figurer une vie plus intéreffante & plus active entre les plaifirs du monde & les devoirs de famille. Ces devoirs avaient pour elle un fi grand charme que nous ferions tenté de les appeler encore des plaifirs, fi le dévouement & l'abnégation qu'elle apportait à leur accompliffement ne méritaient un nom plus férieux.

Outre fon refpect & fa tendreffe, Mme de Noailles avait un goût paffionné pour fa grand'mère la princeffe de Poix, dont la fociété, lui était un befoin conftant; non-feulement elle lui rendait les foins les plus touchants, mais fa vie entière lui était dédiée; elle lui confacrait fes études & fes talents, elle l'affociait aux occupations & aux plaifirs du dehors en les lui racontant. Difons plus, elle lui facrifiait fouvent les plaifirs que l'âge & les infirmités ne permettaient point à Mme de Poix de partager, les voyages furent de ce nombre. Mme de Noailles les aimait, auffi n'en fit-elle jamais que de très-courts, aux eaux pour des raifons de fanté, ou en Suiffe & en Angleterre. Elle renonça aux voyages d'Allemagne, d'Italie, dont elle

aurait joui avec un fentiment des arts aufli
vif que délicat, pour ne pas s'éloigner longtemps de fa grand'mère. Mme la princefle
de Poix paffait une partie de l'année à Paris,
l'autre aux châteaux du Val & de Mouchy,
où fes anciens & fidèles amis fe réuniffaient
autour d'elle. Ces efprits du paffé, jeunes
dans la vieilleffe, attiraient fingulièrement
Mme de Noailles; elle appartenait à leur
fiècle, elle parlait leur langage, la parité des
goûts & des fentiments annulait la différence
d'âge; elle fentait auprès d'eux une certaine
aifance ignorée dans la fociété de fes contemporains. Lorfque le temps eut moiffonné
les derniers reftes de cet ancien monde,
Mme de Noailles, parvenue feulement au
milieu de fa carrière, éprouva des impreffions
d'ifolement qui font en général le trifte partage de l'âge avancé; entourée de fes contemporains, elle fe trouva folitaire, déparcillée.
C'eft qu'en effet fon véritable monde, fon
monde de race & d'inclination avait difparu;
elle pouvait encore parler le langage de fes
grands'mères, mais perfonne ne lui donnait
la réplique.

Peut-être en fuivant Mme de Noailles à
travers les années de fa jeuneffe, n'avons-
nous pas affez infifté fur la part qu'elle fit
à la frivolité dans l'ordonnance de fa vie.
Cette part devait fembler confidérable à
ceux qui ne connaiffaient pas l'abondance

& la variété de fes facultés ; Mme de Noailles n'était point frivole, mais elle aimait la frivolité comme les chiffons & les rubans, par loi de nature ; le fuccès lui était impofé, quoi qu'elle fît, quoiqu'elle dît ; la mode, cette reine de la frivolité, arbora fes couleurs & lui compofa un nombreux cortége dont elle riait la première après en avoir joui. Mais fa vie mondaine étant purement fuperficielle, il vint un temps où elle fe débarraffa de la frivolité, de la veille au lendemain, comme les femmes autrefois quittaient à époque fixe certaines couleurs & certains ajuftements.

La Reftauration s'écoula comme un jour de fête ; tout fouriait à Mme de Noailles, elle était encore jeune, & déjà fon enfant chérie dès le berceau devenait une jeune fille charmante, une adorable amie, digne objet de fon dévouement & de fes facrifices. Mme de Noailles voyait venir avec joie les années qui devaient clore fa brillante jeuneffe & ouvrir la crife redoutée de l'âge mûr. L'avenir promettait les plus vives & les plus douces jouiffances à fon cœur maternel, car elle l'abandonnait à fa fille ; elle en eût volontiers hâté l'approche. Chaque jour qu'elle perdait donnait de nouvelles grâces à cette fille ; était-ce donc un jour perdu ?

La révolution de juillet ne furprit point Mme de Noailles. La préfence du prince de Polignac au miniftère avait alarmé tous les efprits fages; & les perfonnes attachées à la maifon de Bourbon attendaient avec anxiété la cataftrophe que le caractère du Roi & celui de fon miniftre faifaient prévoir. Un dernier jour de gloire & de bonheur devait cependant éclairer l'agonie de la Légitimité & ranimer les efpérances de fes partifans. Alger était conquis, cavalièrement, élégamment, en trois femaines, à la barbe de l'Europe jaloufe & de l'Oppofition déloyale. L'étendard du vieux Roi flottait fur cette plage d'Afrique déclarée inabordable, vainement bombardée autrefois par l'Efpagne & par l'Angleterre; un fuccès fi brillant ne devait-il pas enivrer le pays & impofer filence aux factieux! Le Roi lui-même ne voudrait-il pas jouir en paix de fon triomphe & ajourner l'époque des réformes intérieures qu'il rêvait depuis fon avénement au trône? Qui eût ofé dire alors que ce prince ne reverrait jamais l'armée victorieufe dont il avait dirigé la marche du fond de fon palais de Saint-Cloud?

Mme de Noailles était à Dieppe avec fa fille & de nombreux amis, lorfque le drapeau tricolore planté fur une diligence vint lui annoncer la révolution de juillet, le départ de Charles X & la fin de la première monarchie conftitutionnelle. Son impreffion, en recevant ces fatales nouvelles, fut d'abord une forte d'anéantiffement, de ftupeur; elle en fortit par l’inquiétude que lui caufait le fort de fon père qui avait fuivi le Roi jufqu’à Rambouillet, mais raffurée bientôt fur ce point, elle revint au milieu de fa famille pour confidérer dans toute leur terrible gravité les conféquences de la nouvelle fituation de la France.

L’analyfe des fentiments de Mme de Noailles par rapport à la révolution de juillet nous entraînerait au delà des bornes de notre récit. Jamais fentiments ne furent plus douloureux, plus divers & plus compliqués. Dans les révolutions précédentes, la force des chofes, la néceffité tranchait toutes les queftions & donnait comme un repos intérieur aux âmes fcrupuleufes : ainfi en 93 la mort ou la fuite ; fous l’Empire, la foumiffion ou l’exil, point d’héfitation, ni de mezzo termine, c’était le bon temps. La tyrannie fimplifie les conduites & protége même la dignité des caractères, on peut dire alors comme Alfieri : « *Servi, sì, ma ognor frementi.* »

La révolution de 1830 fe préfentait fous un afpect différent, elle fe faifait conciliante, affectueufe, paternelle ; elle refpectait les perfonnes, la propriété, les opinions ; il n’y eut de trouble, il n’y eut de défordre que dans les confciences.

Mme de Noailles n’avait point de parti à prendre ; elle pouvait, ufant du droit des femmes en pareilles circonftances, fe retran-

cher dans fa fidélité au malheur & demeurer
étrangère aux nouvelles deftinées de fon pays.
Mais les intérêts de fa famille, les devoirs de
fon père le duc de Mouchy, de fon oncle le
comte de Noailles, l'avenir de trois jeunes
hommes, héritiers de fon nom, en la préoc-
cupant, l'arrachaient aux douceurs de la neu-
tralité. Sans illufion fur les fautes des princes
qu'elle chériffait par honneur & par inclination, elle haïffait ceux qui en avaient profité,
& la préfence d'un Bourbon, d'un petit-fils
de Henri IV à la tête du pays qui chaffait fes
aînés, lui caufait à la fois une profonde trifteffe & une jufte indignation. Quelque chofe
d'intime & de douloureux venait fe joindre
aux perplexités de fa confcience. Sous la monarchie légitime, la famille de Noailles était
accueillie au Palais-Royal avec des faveurs
qui rappelaient la parenté (1); hoftile autrefois par preffentiment au chef de la maifon,
Mme de Noailles éprouvait un attrait ref-
pectueux pour fon augufte époufe, & la bonhomie de cet intérieur princier triomphait
de fa pareffe ordinaire à l'endroit des cours.
Elle s'était accoutumée à réunir dans un
même fentiment de vénération & d'amour
les deux branches de Bourbon. L'inimitié

----

(1) La comteffe de Touloufe, fille du maréchal de
Noailles, était la trifaïeule du Roi Louis-Philippe.

foudaine de ces deux branches était pour elle auffi une rupture de famille.

Quant au point de vue général de l'intérêt politique de la France, il nous fuffira de dire que Mme de Noailles jugeait alors la révolution de juillet, comme la jugent aujourd'hui la plupart des hommes diftingués qui en protégèrent l'accompliffement. Eft-il néceffaire d'ajouter qu'elle ne fe laiffa point entraîner par fes fentiments perfonnels aux puériles irritations des partis vaincus, & que les diffentiments politiques n'exercèrent aucune influence fur fes affections particulières? Elle en rencontrait de très-profonds dans fa famille maternelle, paffionnément dévouée à la maifon d'Orléans, & dans fes plus anciennes relations d'amitié.

Le nouveau gouvernement infpirait une grande répugnance à Mme de Noailles, mais fon patriotifme ardent & judicieux lui faifait attacher beaucoup d'importance aux actes de ce gouvernement, car elle n'était point de ceux qui veulent le naufrage parce que le pilote leur déplaît. Les inftitutions fondamentales du pays reftaient encore debout. Menacées par le parti révolutionnaire, leur falut pouvait dépendre des difpofitions du chef de l'État. Serait-il courageux, inflexible, devant le parti qui l'avait couronné?

La difcuffion fur l'hérédité de la pairie fut une des vives émotions politiques de la vie de Mme de Noailles; elle ſuivit toutes les ſéances du Luxembourg avec une véritable anxiété, & ſa penſée accompagnait celle de ſon père dans cette dernière lutte de l'ariſtocratie françaiſe contre l'invaſion démocratique. L'hérédité ne périt point ſans honneur & ſans gloire, & les débuts éclatants du jeune chef de ſa famille, orateur de premier ordre à l'âge où l'on ne pouvait encore voter, adoucirent la douleur de ce qu'elle appelait avec une triſteſſe railleuſe « l'enterrement de la Chambre des Pairs. » Mme de Noailles ſe retrouvait au milieu des agitations révolutionnaires qui avaient entouré ſon berceau. Pendant quelque temps le gouvernement & la révolution vécurent enſemble dans Paris comme deux factions rivales du moyen âge, ſans hoſtilités définitives; la répreſſion légale était indéciſe, héſitante : on pouvait tout craindre & tout eſpérer. Cet étrange ſpectacle lui inſpirait un mélange de réſignation, de dégoût philoſophique du préſent, & d'eſpérance lointaine pour l'avenir, dont nous retrouvons la trace dans quelques lettres qui nous ont été confiées.

« Le ſyſtème de faire aller ceci autrement que par des inſtitutions républicaines me paraît fou ; le jour où le gouvernement iſſu des barricades voudra faire de la force & ſortir du programme de l'hôtel de ville, il eſt néceſſairement renverſé par ceux qui l'ont fait ; ce n’eſt pas le Juſte-Milieu qui ſe battait dans les rues en juillet, & ceux qui ont verſé leur ſang dans ce temps-là ne ſeront pas d’humeur à ſe laiſſer priver du prix qu’ils en veulent. Je ne vois de ſauvegarde pour l’ordre de choſes actuel que dans la légalité, & je ne ſais comment il pourra faire pour y reſter, attaqué comme il l’eſt par toutes les opinions…. L’ouvrage de M. de Chateaubriand a fait un effet immenſe ; je ſuis plus aiſe que je ne puis le dire que cet effet ait été le même là où vous êtes. Soyez ſûre qu’il eſt dans le vrai le plus juſte & le plus utile ſur la ſituation du pays…. Tout ceci eſt une affaire de patience ; les fautes inévitables du gouvernement ſont les ſeules chances qu’il faille favoriſer & c’eſt le temps ſeul qui peut mûrir les poſſibilités que nous attendons ; ce régime-ci porte ſa mort en lui-même, toute entrepriſe violente lui rattache les partis qui s’en éloignent chaque jour ; c’eſt par le déſordre, par le malaiſe qui en réſulte, que la face des choſes changera ; il faut bien ſe garder d’y toucher & le laiſſer creuſer ſa tombe lui-même en ſe déconſidérant tous les jours un peu plus.

« Paris, 10 février 1831. »

En vérité, cette lettre adreſſée aux plus fidèles ferviteurs des princes bannis (1), ferait reconnaître chez Mme de Noailles le don de prefcience; les malheurs des Bourbons avaient ranimé fes fentiments royaliftes, & fes hommages, fon dévouement fuivaient dans l'exil les princes négligés dans la profpérité. La trifte cataftrophe de Blaye vint mettre ce dévouement aux plus rudes épreuves. Après avoir tout enfemble admiré & déploré l'audacieufe tentative de Mme la ducheffe de Berry, elle fut, lors de fon emprifonnement, des premières à venir foulager, autant que les circonftances & le gouvernement le permettaient, les rigueurs de cette odieufe captivité; les témoignages d'intérêt & de fouvenir qu'elle adreffait fréquemment à l'augufte prifonnière, donnèrent quelque humeur au pouvoir & touchèrent profondément l'héroïque princeffe.

Pendant les premières années qui fuivirent ce dernier & fuprême effort du parti légitimifte, Mme de Noailles fut abforbée par des émotions de famille : elle perdit fon père, le duc de Mouchy, prefque fubitement; fa mère, la ducheffe de Mouchy; peu de temps après elle maria fa fille au fils aîné du duc de Poix fon oncle; enfin, au mois de novembre 1834, Mme la princeffe de Poix termina fa longue carrière.

---

(1) Le duc & la ducheffe de Guiche, qui avaient accompagné la famille royale dans l'exil.

La mort de Mme la princeſſe de Poix mit fin à la belle vie domeſtique que les Noailles menaient depuis plus de trente ans pour leur bonheur & pour l'édification de la ſociété. Cette mort fut donc à la fois une grande douleur & un vrai bouleverſement. Mme de Poix avait conſervé au milieu de ſa famille une prépondérance rare dans tous les temps & dont aucun chef de famille ne ſaurait aujourd'hui nous offrir l'exemple, car elle la devait plus encore à ſes mérites extraordinaires qu'à l'éclat de ſa naiſſance & de ſa poſition. La prodigieuſe verdeur de ſes facultés morales faiſait oublier le progrès des années, elle ne vieilliſſait point; rien ne pouvait vieillir autour d'elle, & ſes enfants étaient parvenus à l'âge mûr ſans perdre les habitudes de déférence & de ſoumiſſion de l'extrême jeuneſſe. Devant cette mère admirée autant que chérie, ils ſe plaiſaient à n'être que des enfants. Mme de Poix, à quatre-vingt-cinq ans, fut pleurée avec cette ardeur de regret & de douleur qu'inſpirent les morts prématurées.

Ici commence une nouvelle phaſe de la vie de Mme de Noailles; nous en abordons le récit avec une inexprimable émotion. C'eſt alors qu'il nous fut donné de la connaître, de la chérir, de vivre dans les délices de ſon intimité; le ſouvenir de ces heureux jours redouble notre préſente douleur & le ſentiment de notre indignité. Hélas ! Elle feule aurait pu fe peindre, & fe raconter fi elle avait confenti à diriger fur fon propre fujet cet efprit qui faififfait fi bien celui des autres.

Devenue chef de famille, maîtreffe de maifon, les intérêts de Mme de Noailles changeaient de nature ; fon efprit admirablement flexible adopta fans effort les modifications du temps & des circonftances. Elle n'était plus jeune, fes enfants aimaient la vie intérieure & les joies paifibles du foyer ; la perte fucceffive de fes parents l'avait tenue éloignée du monde pendant quelques années ; elle en perdit l'habitude & bientôt même le goût ; elle renonça aux plaifirs bruyants, aux réunions nombreufes, reftreignit fes relations & voulut vivre uniquement au milieu d'un petit cercle de parents & d'amis dont fa maifon devint le centre.

Nous avons fouvent entendu dire, à cette époque, que les goûts de Mme de Noailles étaient fort changés, & l'on cherchait mille prétextes à fon nouveau genre de vie. Il faut que la fageffe foit chofe bien rare en ce monde, car lorfqu'il lui arrive de s'y préfenter perfonne ne la reconnaît, on lui donne tous les noms poffibles hormis le fien propre.

Mme de Noailles avait au fuprême degré la difpofition d'elle-même, le libre arbitre de fes goûts, de fes intérêts, de fes plaifirs ; le cours de fa deftinée au demeurant fimple, régulier, heureux, ne mit point cette rare faculté à des épreuves qu'on puiffe fignaler ici, puifque les commotions politiques dont elle foûffrit pourtant beaucoup n'atteignirent jamais le fond de fon exiftence. Mais la vie humaine la plus fimple, la plus régulière, la plus heureufe, offre encore des occafions perpétuelles d'action fur foi-même, & le progrès qu'il faut fubir, eft à lui feul une grande épreuve dont peu de caractères fortent victorieux. Les tranfitions de l'âge, le paffage d'un genre de vie à un autre, fe font le plus fouvent de force, toujours avec regrets & combats. On s'accroche au rivage, on le regarde long-temps encore après l'avoir quitté. Mme de Noailles, au contraire, préfidait à ces changements, dirigeait leur accompliffement, s'établiffait dans fon nouvel âge comme dans une nouvelle maifon, y cherchant les bons coins : tout était changé dans fa vie, elle feule ne changeait point; elle avait dans la maturité tout le feu, toute l'ardeur de la jeuneffe; elle apportait aux devoirs de fon nouvel état ce tact judicieux, cette fcience du bien-être qui affure le bonheur des familles & la dignité des grandes exiftences. Appelée pour la première fois à fe conftituer une vie indépendante, les goûts de fes enfants en furent la bafe, fa tendreffe pour eux le principal élément; l'abnégation lui était fi naturelle, qu'il fallait étudier profondément son caractère pour discerner ses véritables goûts de ceux qu'elle adoptait.

De grands travaux à la ville & à la campagne, l'administration de ses biens, la combinaison des intérêts de fortune en vue de sa postérité, remplirent le temps qu'elle donnait autrefois au monde. Ses amis, la société qu'elle recevait chez elle, profitèrent à son nouvel ordre de vie; elle leur réservait le mouvement dont son esprit avait toujours besoin, & sa supériorité ainsi concentrée éclatait dans toute sa force.

Mais qu'était devenu depuis 1830 ce grand monde que Mme de Noailles abandonnait si facilement?

Il en est des révolutions de la France comme des maladies des gens forts, elles éclatent tout d'un coup, elles sont terribles, mais courtes & presque sans convalescence. Vers 1836 la France commençait à se très-bien porter; pour la maladie de juillet, six ans de convalescence, c'était un éclair. La prospérité publique renaissait de toutes parts, la classe moyenne se prélassait dans son triomphe, le peuple travaillait en silence, & la noblesse se résignait au rôle passif que l'honneur semblait lui imposer. Le gouvernement continuait sa marche entre les deux oppositions que son origine lui avait suscitées. L'opposition légitimiste, digne, patiente, circonspecte, se bornant à des protestations pa-

cifiques, plus nourrie de fouvenirs que d'efpérance ; l'oppofition républicaine, haletante,
haraffée, refoulée par la force, mais toujours
fourdement agreffive. Après le combat, vainqueurs & vaincus ont également befoin de
repos, & les gouvernements interprètent volontiers ce befoin en fatisfaction générale.
Mais la fociété de la Reftauration, la fociété
de Mme de Noailles, diffoute par la révolution de 1830, ne devait plus fe réunir. On
peut lutter contre les idées de fon temps,
contre le gouvernement qui les foutient & les
propage ; on ne lutte point contre les mœurs,
on les adopte comme on refpire l'atmofphère
dans laquelle on vit, fans s'en apercevoir.
L'oppofition légitimifte fidèle à fes principes
& à fes fentiments, récalcitrante envers le
pouvoir, fubiffait néanmoins l'influence du
nivellement univerfel qui eft la tendance impérieufe du fiècle, tendance deftructive de
ce qu'on appelait autrefois la Société, fondée
fur le petit nombre & l'exclufion. C'eft par
les mœurs que les oppofitions fyftématiques
fe rattachent involontairement aux gouvernements de fait, & qu'elles concourent même
à leur exiftence momentanée. « Mais ne
fommes-nous pas tous républicains depuis
1830 ? » difait Mme de Noailles lors de la
proclamation de 1848. En effet, la nobleffe
n'ayant plus de place reconnue dans l'ordre
focial, s'était trouvée par cela feul exemptée

de fes devoirs de pofition. Étrangère aux réunions officielles, elle cherchait fes plaifirs fur
des terrains neutres où la préfence de l'ennemi perdu dans la foule n'alarmait point fa
dignité. Sous la monarchie de juillet, la vo-
gue des terrains neutres, des réunions fans
caractère, des affemblées cofmopolites, était
un fymptôme irrécufable du progrès démocratique au fein même de l'ariftocratie fran-
çaise.

Cependant quelques falons s'étaient formés
felon les nouvelles conditions du temps. Celui de l'Abbaye aux Bois doit feul nous occuper. Mme de Noailles le fréquenta & y prit
fes habitudes : il devint pour elle une fource
abondante en intérêts & en plaifirs d'efprit.
L'Abbaye aux Bois n'avait point de couleur
politique tranchée. M. de Chateaubriand,
maître fouverain de cet aimable empire, tenait fingulièrement à la popularité de fon
génie, & Mme Récamier, qui avait vécu
fucceffivement dans des fociétés très-diffé-
rentes, confervait toutes fes anciennes relations & en formait fans ceffe de nouvelles.
Sa conftance & fa bonté, jointes au preftige
de M. de Chateaubriand, étendaient à l'infini le cercle de fa fociété. Mme Récamier
recueillait l'héritage de Mme Geoffrin, un
peu dénaturé par le temps & les révolutions ;
la puiffance littéraire de fon cercle s'était
établie par des procédés nouveaux conformes

au fentiment de l’époque; elle briguait pour M. de Chateaubriand le fuffrage univerfel. Dans ce but toutes les opinions étaient ménagées, tous les genres de mérites claffés & appréciés; elle révérait les *forts*, encourageait les *faibles*, utilifait même les plus *infipides* qui venaient ainfi par fes foins groffir la foule des admirateurs de M. de Chateaubriand. La vieilleffe eft une période difficile de la vie des grands hommes; grâce à Mme Récamier, celle de M. de Chateaubriand était à la fois poétique & fage. L’Abbaye aux Bois en le préfervant du tourbillon mondain funefte à la dignité de l’âge avancé, & de la retraite abfolue qui condamne tôt ou tard à l’oubli les plus grands talents & les plus nobles caractères, le plaçait dans une forte de pénombre favorable à toutes les vieilleffes, même à celle du génie.

Nous avons vu Mme de Noailles dans fa jeuneffe, admiratrice paffionnée du talent de M. de Chateaubriand. Elle fut plus tard d’autant plus fenfible à fes difgrâces politiques qu’elle partageait fon oppofition. La conduite de M. de Chateaubriand depuis la révolution de juillet, fi conforme à fes propres fentiments, lui fit défirer le commerce intime de ce royalifte fidèle quoique découragé, méditant au fond de fa retraite fur les ruines de la monarchie. M. de Chateaubriand avait été le premier attrait de l’Abbaye aux Bois, mais

Mme de Noailles trouva bientôt parmi les fatellites du grand génie, des amitiés charmantes, qu'elle entraînait à fon tour à fa maifon de la rue d'Aftorg. L'amitié de M. J. J. Ampère fut une des plus douces jouiffances de cette dernière époque de fa vie.

Le falon de Mme Récamier tenait Mme de Noailles au courant des perfonnages littéraires du temps ; elle les voyait là, fous les armes, paffés en revue par le grand chef de l'école moderne. Son culte pour le paffé ne la rendait point infenfible aux nouveautés audacieufes du préfent ; elle avait même un goût tout particulier pour le genre de littérature qui s'eft le plus développé pendant les dix-huit années de la monarchie de juillet ; les drames & les romans du jour charmaient fes loifirs, les plus médiocres l'intéreffaient encore, tant elle avait confervé de jeuneffe d'efprit & de vivacité de fentiment. Mais fi les novateurs heureux attiraient fon attention & piquaient fa curiofité, c'était avec une véritable joie qu'elle retrouvait auprès d'eux quelques adeptes fidèles du culte déchu. M. Brifaut fut de ceux que Mme de Noailles rencontrait à l'Abbaye aux Bois & ramenait enfuite en fon propre falon ; il y vint fouvent, moins fouvent qu'elle ne le fouhaitait. L'efprit délicat de M. Brifaut lui rappelait les admirations de fa jeuneffe & ces illuftres

amis de Mme de Beauvau qui l'avaient ini-
tiée dès le jeune âge aux charmes & aux élé-
gances de l'ancienne converfation françaife.

Elle prenait toujours un vif intérêt aux affaires publiques, fes opinions influaient donc
fur le choix de fes relations, fans la priver
cependant des efprits diftingués & des nobles
caractères du camp ennemi. Ceux-ci trouvaient en elle une maîtreffe de maifon tout
accueillante, dont l'humeur frondeufe vivi-
fiait la converfation, maintenue malgré cela
dans les bornes de la plus exquife politeffe.
Mme de Noailles était charmante de malice &
de courtoifie avec fes adverfaires politiques;
la difcuffion qui convenait à fon genre d'efprit
faifait valoir les agréments de fon caractère;
perfonne ne favait comme elle tourner une
vérité défagréable, difcuter de fang-froid, &
mettre les rieurs de fon côté, fi bien que
l'adverfaire lui-même prenait place parmi les
rieurs.

Elle favait d'ailleurs un gré infini aux
hommes du gouvernement qui bravaient
l'oppofition proverbiale de fon falon, & le
plaifir qu'elle eut à recevoir en fon château
de Mouchy le comte de Salvandy, alors miniftre du roi Louis-Philippe, nous femble une
preuve frappante de fon impartialité quant
aux perfonnes; elle honorait le caractère de
M. de Salvandy, & la préfence de ce haut
fonctionnaire dans une maifon que le préfet

du département héfitait à vifiter, lui rappelait agréablement certaines témérités politiques de fa jeuneffe, le temps où elle allait faire fa cour aux Tuileries, tenant fous le bras quelque Bonapartifle émérite.

Le comte Molé fut un des plus fidèles amis de Mme de Noailles. Lié de tout temps avec fa famille, & furtout avec fon oncle le duc de Poix, le comte Molé appartenait, & par droit de conquête & par droit de naif-fance, à cette fociété brillante qui avait fait les délices de Mme de Noailles. Le comte Molé enfin lui infpirait une affection de cœur & une préférence d'efprit fort au-deffus des diffentiments politiques; elle s'eftima heu-reufe de le lui témoigner en s'affociant, felon les circonftances, aux péripéties de fa carrière politique. L'avenir lui réfervait des liens plus étroits avec le comte Molé par un ma-riage dont elle fut l'intermédiaire zélé pendant les derniers jours de fa vie.

Le rôle de maîtreffe de maifon montrait Mme de Noailles fous un afpect nouveau. Elle fe fentait refponfable de la converfation, elle en guidait le tour, elle en donnait le ton; une aimable & douce gravité fuccédait au brillant laiffer aller de fa première jeuneffe intellectuelle; fes jugements rendus à l'ombre de l'expérience devenaient moins prompts, moins févères fans perdre de leur fagacité; fa plaifanterie moins fougueufe, moins mordante, par cela même, plus fine, plus délicate encore; & les nobles mouvements de fon cœur, autrefois inaperçus dans le tourbillon des converfations, apparaiffaient maintenant dans tout leur jour. Son falon était ainfi compofé qu'aucun genre de converfation n'y était étranger. Les jeunes amis de fes enfants y apportaient le babillage & ce bruit qui donne de la vie aux meubles & aux murs. Sa bienveillance encourageait leurs débuts, elle les faifait entrer naturellement dans les entretiens & jouiffait de la curiofité admirative qu'elle leur infpirait. L'heureufe diverfité des efprits dont s'entourait Mme de Noailles, empêchait la converfation de pefer jamais obftinément fur un point particulier. La politique, les arts, la littérature, la fcience, étaient repréfentés dans le va-&-vient des vifiteurs & formaient un enfemble de converfation foutenu, folide, varié, dont Mme de Noailles était à la fois le centre & le foyer. Elle avait fi bien les dehors, les allures qui facilitent le commerce de fociété! Lors même que les entretiens s'élevaient aux plus hautes régions de la penfée, fon langage reftait fimple, léger, féminin furtout, & confolant pour l'honnête médiocrité; elle avait alors des façons de dire raviffantes, une forte d'étonnement craintif du fujet qu'elle abordait, d'heureufes négligences d'expreffion pour traduire la penfée la plus énergique, pour préfenter un argument vainqueur. Et toujours, oui toujours, le mot pour rire, le mot que chacun faififfait au paffage, emportait, répétait le lendemain, & qui circulait encore quand elle-même l'avait déjà oublié. Son efprit faifait feu fupérieur. Il était franc, logique, pofitif, s'appuyant fur un bon fens profond auquel fa grâce feule donnait une forte de poéfie : d'où naiffait un contrafte plein de charme & d'originalité. Cinquante années plus tôt, le falon de Mme de Noailles aurait acquis l'importance & l'éclat qu'elle redoutait; au milieu du chaos focial de nos jours, ce falon ne reçut que les hommages de l'intimité, & Mme de Noailles feule le caractérifera dans le fouvenir des contemporains.

Mme de Noailles avait toujours eu le goût de la campagne; ce goût qui eft la paffion du fage l'arrachait aux plaifirs de la jeuneffe; elle s'y livra avec délices dans l'arrière-faifon de la vie. L'embelliffement de fa terre de Mouchy-le-Châtel, vieux toit de fes pères, devint fon occupation favorite; elle imprima fon cachet de grâce à tous les arrangements matériels de cette noble habitation & voulut en faire la demeure principale de fes enfants. Mère paffionnée, elle était devenue grand'mère avec enthoufiafme; fes travaux de préfent & d'avenir répondaient aux befoins de fa tendreffe en l'affociant aux jouiffances futures de fa poftérité. Tout lui plaifait dans la vie de cam-

pagne, jufqu'aux moindres détails; elle pré-
tendait connaître les émotions de clocher, &
quand elle recevait les notables de l'endroit,
on fe demandait fi le maire & l'adjoint n'étaient
point de l'Académie françaife.

Mais ce qui l'attachait par des liens plus
élevés à la vie de campagne, c'était le bien
immenfe qu'elle répandait autour d'elle avec
autant de générofité que de difcernement;
c'était la reconnaiffance, l'amour qu'elle infpirait aux perfonnes pauvres comblées de fes
bienfaits; fa charité s'étendait à tous les de-
grés de la mifère humaine, à Paris, comme
à la campagne, mais elle trouvait des douceurs infinies à l'exercer envers les pauvres
de fon département, fur une échelle digne
de fon cœur & de fa pofition.

Pendant la belle faifon, le groupe privilégié de fes parents & de fes amis, parmi lef-
quels nous nommerons avec une jufte préférence fon oncle le duc de Poix, fon coufin le
duc de Noailles, fon beau-frère le marquis de
Vérac, & fa belle-fœur chérie la marquife de
Vérac, venaient partager fes plaifirs cham-
pêtres; on l'aurait fuivie au bout du monde,
mais on s'accommodait de la rencontrer dans
un lieu charmant, où tout parlait d'elle, té-
moignait de fes talents, & célébrait fes bienfaits. On l'y trouvait plus aimable que partout
ailleurs, parce qu'elle y était plus heureufe &
que le bonheur fied également à l'efprit & au

cœur. Vers la fin de l'automne, le nombre des visiteurs diminuait, & chaque année Mme de Noailles retardait davantage l'époque de son retour à Paris. C'est que chaque année, la solitude, la retraite lui semblaient plus douces, lui devenaient plus nécessaires, non par dégoût des choses d'ici-bas, car elle aimait la vie comme on l'aime à vingt ans, mais par le besoin de recueillement intérieur, d'examen rétrospectif, qu'éprouvent les esprits supérieurs & les âmes chrétiennes aux approches naturelles de l'éternité. Seule à Mouchy avec ses enfants, loin du monde & du bruit, elle remontait le cours de sa destinée, sondait le passé avec la sévérité scrupuleuse des consciences pures, bénissait Dieu des joies du présent & se préparait ainsi sans ostentation, aux épreuves de la vieillesse & de la mort.

Mme de Noailles, sans cesse en garde contre la pédanterie, n'avait jamais écrit que des lettres familières à ses parents & à ses amis. Durant les mois d'hiver qu'elle passait à Mouchy, la solitude & l'attrait des souvenirs l'engagèrent enfin à consacrer quelques pages à la mémoire de sa grand'mère la princesse de Poix. Ce morceau qui sera un jour, nous l'espérons, livré au public, placera pour la première fois, Mme de Noailles au rang intellectuel qu'elle doit occuper, & justifiera l'admiration de ses amis. Elle-même y attacha peu d'importance, le défir de faire connaître la princeffe de Poix aux jeunes enfants qui perpétueraient fon nom, fut le feul but qu'elle fe propofa ; infenfiblement entraînée par fon fujet, elle en vint à peindre un temps dont fa grand'mère perfonnifiait les féductions, & que Mme de Noailles jugeait cependant avec une impartialité bien rare dans les récits où les fentiments du cœur occupent le premier plan.

. Mme de Noailles devint membre de la Société des Bibliophiles en 1845 ; fon oncle le duc de Poix eut le bonheur de préfenter à fes collègues cette nièce qu'il chériffait comme une véritable fille. Mais l'admiffion de Mme de Noailles aux Bibliophiles fut un legs du duc de Poix ; il ne jouit point de fa préfence au milieu d'eux, & l'année fuivante, Mme de Noailles était chargée du dernier hommage de la Société reconnaiffante envers l'un de fes fondateurs.

Vivement affectée de la perte de fon oncle, elle trouva chez les Bibliophiles une fympathie confolante dans les regrets unanimes qu'infpirait la mort du duc de Poix ; elle vint affidûment aux réunions de la Société, elle connut, elle aima fes collègues & s'appliqua particulièrement à un genre d'occupation tout nouveau pour elle. Elle maniait les bouquins avec cette grâce que nous rappelons fans ceffe, parce qu'elle était inféparable de toutes fes actions; prenait goût aux détails minutieux de la bibliographie; &, paffant de la forme au fond, révélait des connaiffances littéraires férieufes, profondes, qui furprenaient encore l'érudite Société. Plus tard, la préfence d'une jeune coufine, Mme Gabriel Deleffert, juftement privilégiée dans le choix de fon cœur, vint refferrer les liens qui l'attachaient déjà à la Société des Bibliophiles; cédant alors aux follicitations de fes collègues, elle leur confia la publication d'une férie de lettres manufcrites de la ducheffe de Bourgogne, tirées des archives du château de Mouchy-le-Châtel, & accompagnées d'une notice pleine de charme & d'intérêt.

Mme de Noailles avait prefque prévu la chute du gouvernement légitime qu'elle chériffait; elle ne fut pas moins clairvoyante lorfque les agitations de 1847 commencèrent à ébranler la monarchie de juillet; elle fentit que de grands événements fe préparaient pour la France & voulut fe rendre compte jour par jour de fes propres impreffions. Nous trouvons cet aperçu prophétique dans fon journal, à la date du 20 février : « L'oppofition eft fans courage & le gouvernement fans fageffe. Le droit de fe réunir en repas politique femble inhérent à notre ordre de chofes. Aujourd'hui la royauté révolutionnaire a ridiculement oublié fon origine, &, comme il arrive quand on n'eft pas dans le vrai, elle paſſe le but. Après avoir toléré depuis ſix mois les banquets Réformiſtes dans les départements, le diſcours du trône les met en cauſe, & deſcend contre toute convenance à accuſer une partie des députés qu’il n’a pas oſé punir, de là mille embarras & mille ſottiſes.

« La Gauche annonce un banquet à Paris; le gouvernement annonce qu’il l’empêchera; déclamations qui vont juſqu’à la rage, diſcours révolutionnaires ſans feu & ſans bonne foi; menaces & défenſes du gouvernement. Aujourd’hui qu’il s’agit d’exécuter les menaces & les défenſes, tout le monde a peur; les députés craignent de deſcendre dans la rue & d’attraper quelque horion; le miniſtère, de ſe rendre encore plus odieux par quelque acte de ſévérité obligatoire; le jour eſt pris, du moins les journaux l’annoncent; il pleut, s’il pouvait pleuvoir ce jour-là ! »

Mme de Noailles, toujours Françaiſe à l’heure du danger, ſouhaitait ſincèrement le triomphe de la politique qu’elle déſapprouvait; mais lorſqu’elle apprit le jour ſuivant que le roi ſacrifiait ſon miniſtère en holocauſte à l’émeute, ſa penſée meſura l’abîme qui devait, vingt-quatre heures plus tard, engloutir la ſeconde monarchie conſtitutionnelle.

Tous les ſentiments de Mme de Noailles doivent être connus; cet eſprit noble, géné-

reux & fier ne craignait jamais de les mani-
fefter. Oppofée fyftématiquement au régime
de Louis-Philippe, elle aurait cru manquer à
fes devoirs de chrétienne & de Françaife en
fouhaitant la chute d'un gouvernement qui
donnait à la France la paix & la profpérité.
Mais le fait accompli fans qu'elle y eût parti-
cipé, même par des vœux fecrets, dégageait
fa confcience. Pourrait-on s'étonner du mouvement de joie qui fouleva fon cœur & lui
fit oublier un inftant les périls de la fituation? La cataftrophe de février, qui difper-
fait loin du trône la famille d'Orléans, était
comme une revanche fatale de la chute de
Charles X.

Durant la révolution, Mme de Noailles
refta dans Paris jufqu'au mois de juin fans
éprouver la moindre inquiétude perfonnelle,
envifageant avec une fermeté vraiment ftoï-
que les incertitudes de fortune & de pofition
que tout faifait préfager. Elle fe fentait de
force à défier les circonftances; ce fentiment
était partagé par ceux qui connaiffaient fon
caractère. On l'eût vue, fans crainte, en butte
aux épreuves des commotions fociales, frayant
fa route à travers les écueils, bravant les
tempêtes, à un âge où les habitudes & les
befoins, devenus tyranniques, paralyfent
d'ordinaire l'énergie humaine. Elle eût été
impofante dans la mauvaife fortune, elle fi
aimable au logis! C'eft bien alors que les

« bons contes » auraient diſſimulé l'abſence des plats, comme aux ſoupers du poëte Scarron. Rien ne pouvait la dépouiller du preſtige qu'elle devait bien plus à elle-même qu'au haſard de la naiſſance.

Tout devait avorter de cette étrange révolution de 1848. Après la bataille de juin, les dangers paſſèrent à l'état de fantômes, & la France ne ſongea plus qu'à rire des rêveries chimériques qui avaient enſanglanté les rues de Paris. Mme de Noailles, heureuſe & fièrc de la conduite que tinrent les hommes de ſa famille pendant les trois jours de guerre ſociale, ſe ſentit réconciliée avec le pouvoir nouveau & diſpoſée même à quelque bienveillance pour l'état républicain, qu'elle préférait franchement aux rapſodies monarchiques de 1830.

Il ſe fit d'ailleurs, vers cette époque, dans l'opinion publique, une réaction notable en faveur des claſſes élevées de la ſociété, dont Mme de Noailles reſſentit les conſéquences preſque perſonnellement.

La France, tout émue des dangers qu'elle venait de courir, & qui chaque jour pouvaient renaître, ſemblait tendre les bras aux protecteurs de ſon heureux paſſé. Des noms hiſtoriques oubliés depuis vingt ans parurent en tête des liſtes électorales : M. le duc de Mouchy, gendre de Mme de Noailles, fut élu repréſentant du peuple par le département de l'Oife. Peu de temps après, l'Académie françaife, s'affociant au mouvement général, appela M. le duc de Noailles fur fes bancs, renouant ainfi l'alliance traditionnelle entre la nobleffe & l'Académie. Cette double élection fut pour Mme de Noailles une joie de cœur & une joie de famille, à laquelle fe mêlait encore un fentiment d'intérêt public. Trop éclairée pour regretter les prérogatives & les priviléges héréditaires, incompatibles avec les idées du fiècle, elle avait cependant cruellement fouffert de la fituation faite à la nobleffe depuis 1830. Elle efpérait que des circonftances nouvelles permettraient à celle-ci de reconquérir par fes talents, fes mérites & fes vertus, la place que le bon fens & la raifon lui ont toujours accordée dans la hiérarchie fociale.

Mme de Noailles revint habiter Paris, & fon falon s'ouvrit aux repréfentants du peuple, collègues de fon gendre, fans exclufion de perfonnes & d'opinions. Elle s'amufait de ce mélange, fuivait la difcuffion fur des terrains tout nouveaux pour elle, & s'y montrait brillante, piquante, lumineufe comme aux plus beaux jours de fa jeuneffe. Les fujets ne manquaient pas. La nouvelle République femblait une forme de gouvernement neutre qui ne fatisfaifait perfonne, mais que tous les partis acceptaient avec l'efpoir de le tourner à leur profit, quand le peuple, par un élan de fouvenirs, trancha le nœud gordien de la feconde République au nom d'un fecond Napoléon. De tous les événements auxquels il fut donné à Mme de Noailles d'affifter, ce fut la dernière & non pas la moindre furprife.

Au mois de juin 1849, Mme de Noailles reçut la première atteinte de la terrible maladie qui devait, deux ans plus tard, la conduire au tombeau. Elle fentit dès l'abord la gravité de fon état; les fymptômes effrayants difparurent, mais la fécurité n'exiftait plus; elle jugea fa pofition avec plus de difcernement que ceux qui l'environnaient, & ne fe reprit point comme eux à l'efpérance. En apparence, fa vie ne fut point changée, elle parut oublier le danger qui la menaçait encore, & le charme de fon efprit, l'imperturbable gaieté de fon humeur entretenaient l'illufion autour d'elle. Mais dans la folitude de fa penfée elle fe croyait perdue. Pendant deux années, elle vécut en préfence de la mort, préparée à la fubir, pleine de foi & de réfignation. La Providence réferve de grandes luttes aux grandes âmes; elle voulut ajouter une dernière perfection à cette noble intelligence, digne objet de fes conftantes faveurs, &, par une longue & cruelle épreuve, entourer d'une auréole chrétienne ce fouvenir ineffaçable de toutes les grâces terreftres. Mme de Noailles était peut-être trop aimée, peut-être donnait-elle trop de bonheur à ceux qui l'aimaient; il fallait la voir fouffrir pour fe réfigner à la perdre.

Mme de Noailles expira le 13 feptembre 1851 dans fon château de Mouchy, entre les bras de fes enfants. L'agonie avait duré deux ans, les liens du corps s'étaient rompus peu à peu, la crife fuprême fut douce & rapide. La veille encore, Mme de Noailles fe promenait comme de coutume près de la maifon. Les gens du pays la croyaient à peine fouffrante. La nouvelle de fa mort leur fut un coup de foudre. On les vit accourir de toutes parts, confternés, baignés de pleurs, doutant encore du malheur qui les frappait, redemandant à grands cris cette bienfaitrice, cette providence vifible des malheureux, toujours implorée & toujours acceffible aux prières qu'on lui adreffait. Les populations voifines fe preffèrent en foule à fes funérailles, les parents & les amis éloignés y vinrent auffi d'eux-mêmes. Tous les hommages fpontanés rendus à fa mémoire étaient empreints d'une profonde douleur & de cet abattement de l'efprit que fait éprouver le dernier départ d'une intelligence fupérieure à tous ceux que fes lumières ont éclairés.

M. le duc de Noailles, dans un article nécrologique (1), digne de fon talent & de la

____

(1) Inféré dans *le Journal des Débats.*

parfaite amitié qui l'uniſſait à Mme de Noailles, a nommé Mme de Sévigné. Nous fera-t-il permis de prolonger ici la comparaiſon & de placer ainſi la dernière penſée de cette faible notice ſous la protection d'un jugement ſupérieur? Mme de Sévigné doit l'eſſor de ſon génie, &, par ſuite, ſon immenſe réputation, aux plus grands chagrins de ſa vie, aux abſences de ſa fille. Plus heureuſe, Mme de Noailles ne fut jamais ſéparée de l'unique objet de toutes ſes tendreſſes.

Qui peut dire ce qu'une correſpondance intime entre Mme de Noailles & ſa fille nous eût révélé de talent, de génie déjà fortement ſoupçonné dans le commerce incomplet des relations mondaines? Son bonheur fut peut-être un obſtacle à ſa gloire.

S. N. S.

Membre de la Société des Bibliophiles.

www.ingramcontent.com/pod-product-compliance
Lightning Source LLC
LaVergne TN
LVHW020706200726
843508LV00002B/913